스포츠 인스티튜트

SPORTS INSTITUTE

오준혁

박영사

여는 글

　'스포츠 인스티튜트'는 두 부류의 대상에 도움을 주고자 기획된 실용서입니다. 첫 번째는 국제스포츠 필드에서 활동하길 꿈꾸며 아래의 질문을 갖는 학생들과 이들의 진로를 함께 탐색하며 적절한 도움을 제공하기 위해 고심하는 상담 교수들입니다. 두 번째 대상은 대학교 등의 교육기관에서 스포츠 관련 교과과정 또는 프로그램을 개발하는 교수들과 교육행정가들입니다. 이들은 스포츠의 본질을 이해하고 끊임없이 변화하는 현상을 간파하며 이에 필요한 지식을 예측해 실제에 맞게 교과목을 구성하도록 요구받습니다. 이 책이 양쪽 모두에게 유익한 안내서로 쓰일 수 있길 기대합니다.

- 체육학 관련 학위가 있습니다. 더 깊이 있는 실무중심의 스포츠 경영/행정 공부를 위해서는 어느 대학원에 진학해야 할까요?
- 스포츠로 방향을 바꿔 석사부터 새로 공부해보고 싶습니다. 스포츠 분야에서 널리 인정받는 학교는 어디인가요?
- 스포츠 관련 자격증을 취득해 스포츠 행정가가 되고 싶습니다. 국제적으로 인정받는 자격증에는 어떤 것이 있나요?
- 다른 분야를 전공했습니다. 스포츠 쪽으로 커리어를 만들어가려면 어디서부터 어떻게 시작해야 하나요?

　본서는 총 3권으로 구성되어 있습니다. 제1권 '국제스포츠 마스터'에서는 스포츠 경영/행정 관련 석사과정 진학을 고려하는 이들을 위해 우선적으로 추천되는 10개 기관 및 프로그램을 소개합니다. 제2권 'IOC 온라인 자격인증 과정'에서는 스포츠 관련 자격증을 취득하길 희망하는 이들을 위해 권위 있는 8개 프로그램을 안내합니다. 제3권 '올림픽 스터디 센터'에서는 올림픽과 전 세계 스포츠에 관한 연구를 수행하는 기관과 이의 프로그램들에 대해 살펴봅니다.

'인스티튜트'는 일반적으로 특정 목적을 지닌 기관, 단체, 협회, 시설 등의 '조직'을 의미합니다. 상황에 따라 제도의 도입, 법률의 시행, 그리고 특정 공동체의 문화, 제도, 질서, 풍습, 도덕, 규범 등의 양식을 의미하기도 합니다.

'스포츠 인스티튜트'는 '스포츠 관련 학문을 연구하고 교육하기 위해 설립된 조직체'로 정의합니다. 트레이닝 센터와 종목별 아카데미 등은 주목적이 지식의 전달보다 신체의 훈련에 있기에 고려 대상에서 제외했습니다. 유사 단어 '인스티튜션'은 개념과 범위를 엄밀히 분리하지 않고 여기서는 '인스티튜트'로 통칭했습니다.

'스포츠 인스티튜트'는 아래 제시된 '스포츠 거버넌스' 관점에서 '기능적 스포츠 조직(Functional Sport Organization)'에 해당합니다. 이는 거버넌스 핵심 조직들이 각 역할을 효과적으로 감당하고 역량을 충분히 발휘할 수 있도록 각자의 고유 전문성을 바탕으로 측면에서 지원하는 독립기구들을 의미합니다.

그림 1   글로벌 스포츠 거버넌스(스포츠 거버넌스, 2021)

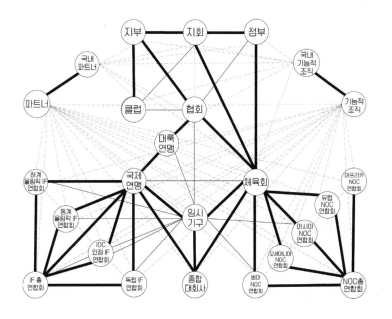

친밀도 ━━ 높음 ── 보통 --- 낮음

목차

SPORTS INSTITUTE

제1권

국제 스포츠 마스터

SPORTS INSTITUTE

오늘날 스포츠는 전 세계적으로 급격한 변화와 성장을 거듭하고 있습니다. 대학교를 포함한 수많은 교육 및 연구 기관들은 이러한 흐름에 적절히 대응하기 위해, 그리고 한발 더 나아가 변화하는 환경 속에서 주도적 역할을 쟁취하기 위해 많은 노력을 기울이고 있습니다. 학계에서도 시대적 필요를 빠르고 정확하게 간파하며 이를 적절히 준비하는 조직은 앞서가고 그렇지 못한 곳은 외면당해 서서히 도태되고 있습니다. 이에 어느 기관이 어떤 프로그램을 성공적으로 운영하고 있는지를 올바로 파악하는 것은 스포츠인들에게, 특히 스포츠를 학문으로 다루는 학자들과 학생들에게 매우 중요합니다.

'IOC 올림픽 스터디 센터'는 국제올림픽위원회(IOC)가 설립한 올림픽 교육 및 연구기관입니다. 본 기관은 전 세계에서 진행되는 스포츠 관련 교육 활동 중 올림픽 철학에 부합한 유수의 교육기관과 프로그램을 선정해 발표합니다. '제1권－국제스포츠 마스터'는 해당 선정 조직들 중 아래 7개 기준을 충족한 조직들을 한 차례 더 엄선해 운영 프로그램들과 함께 소개합니다. 'IOC 올림픽 스터디 센터'에 대한 설명은 '제3권'에서 별도로 자세히 다룹니다.

- 스포츠경영학 또는 스포츠행정학이 중심 학문일 것
- 올림픽이 중요 주제 또는 과목으로 다루어질 것
- 정규 석사과정일 것(졸업 시 석사학위 수여)
- 강의가 영어로 진행될 것
- 교과과정이 실무중심으로 구성되어 있을 것
- 대면 수업을 원칙으로 할 것
- 학생들의 국적이 다양할 것(특정 국가 출신의 학생 수가 전체의 30%를 넘지 않을 것)

본서에서 선정한 전 세계 10대 국제스포츠 마스터의 운영조직은 아래와 같습니다. 각 기관은 프로그램의 특징과 강점을 꾸준히 개발해

부각하고, 타 기관과의 협력을 통해 부족한 부분을 보완해 갑니다. 이들 조직들에 대해 하나씩 알아보겠습니다.

- CIES(Centre International d'Étude du Sport, 국제 스포츠 스터디 센터)_ 스위스
- AISTS(Académie Internationale des Sciences et Techniques du Sport, 국제 스포츠 과학 기술 아카데미)_스위스
- IOA(International Olympic Academy, 국제 올림픽 아카데미)_그리스
- MEMOS(Master Exécutif en Management des Organisations Sportives, 스포츠조직경영 최고위석사과정)_캐나다(영어 에디션)
- RIOU(Russian International Olympic University, 러시아 국제 올림픽 대학교)_러시아
- TIAS(Tsukuba International Academy for Sport Studies, 쓰쿠바 국제 스포츠 아카데미)_일본
- DTM(Dream Together Master, 국제 스포츠 행정가 양성 사업단)_대한민국
- MAOS(Master of Arts in Olympic Studies, German Sport University Cologne; 독일체육대학교 올림픽학석사과정)_독일
- MAiSI(Master of Arts in Sports Ethics and Integrity, Katholieke Universiteit Leuven; 뢰번가톨릭대학교 스포츠윤리학석사과정)_벨기에
- MESGO(Executive Master in Global Sport Governance, 글로벌 스포츠 거버넌스 최고위석사과정)_8개국 순환

1장 CIES 국제 스포츠 스터디 센터 _스위스

CIES(국제 스포츠 스터디 센터)
- 홈페이지: www.cies.ch
- 이메일: secretariat.cies@unine.ch
- 전화번호: 0041 (0)32 718 3900
- 주소: Avenue DuPeyrou 1, 2000 Neuchâtel, Switzerland

CIES(Centre International d'Étude du Sport, 국제 스포츠 스터디 센터)는 FIFA(Fédération Internationale de Football Association, 국제축구연맹)와 스위스 뉴샤텔시(市) 뉴샤텔주(州), 뉴샤텔대학교(University of Neuchâtel)가 공동으로 설립한 글로벌 스포츠 연구소입니다.

본 연구소는 '이론과 실무를 조화롭게 아우르는 스포츠 융합 조직'이 되는 것을 목표로 1995년 설립되었습니다. 학계에서 이루어지는 연구와 이를 통해 축적된 지식이 국제 스포츠 현장에 빠르게 적용 및 검증될 수 있도록 지원하고, 현장의 피드백이 다시 학문의 발전을 견인하도록 연결해 양 영역이 상호보완하며 성장할 수 있도록 돕습니다. 일련의 과정을 통한 결과물들은 체계적으로 정립되어 교육 프로그램에 참여한 학생들에게 전파됩니다. 필요한 경우 스포츠에 법학, 사회학, 지리학, 역사학, 철학, 경제학, 경영학 등의 다양한 학문이 결합된 형태로 연구 활동이 수행됩니다.

CIES의 활동은 2대 주요 사업과 이를 보조하는 지원 활동들로 이루어져 있습니다. 주요 사업인 '교육'과 '연구 및 컨설팅'에 대해서는 이어지는 다음 장에서 자세히 다룹니다. 대표적인 보조 사업 6개는 다음과 같습니다.

- CIES 도서관 'Documentation Centre': 온라인과 오프라인으로 동시에 운영됨. 스위스 도서관 통합 플랫폼인 SLSP(Swiss Library Service Platform)와 연계해 CIES 연구물과 자체 축적한 국제 스포츠 관련 자료를 일반에 무료로 공유함.
- 연구물 출간: 전 세계 파트너 대학교 및 연구소와 협력해 연구를 수행하고 결과물을 'CIES 온라인 서점'을 통해 판매함.
- 뉴스 발행: CIES 또는 축구와 관련된 뉴스를 2011년 이래 매월 10건 내외 발행함.
- 뉴스레터 발행: CIES 관련 소식을 수합해 이메일 뉴스레터 신청자들에 정기적으로 발송함.
- 학술행사 안내 '아젠다': 온라인 세미나, 대내외 심포지엄, FIFA 마스터 컨퍼런스(그룹 프로젝트 최종발표회) 등의 행사 관련 소식을 안내함.
- CIES 소개 현황 모니터링: CIES의 활동이 소개된 국가별 미디어 자료를 한데 수집해 공유함.

① 거버넌스

CIES는 설립위원회(Foundation Council)와 사무국을 중심으로 운영됩니다. 설립위원회는 회장을 필두로, 설립에 참여한 4개 조직의 대표 및 외부 인사들로 구성됩니다. 이는 최고위 기구로서 조직의 대표성은 가지지만 운영 사업별 자율성을 높이기 위해 최소 권한 행사를 지향합니다.

사무국은 총국장, 사무처장으로 이어지는 위계 아래 다음의 8개 팀으로 구성되어 있습니다. 각 팀은 필요시 설립위원회의 승인하에 전문기구, 위원회, 산하 부서 등을 설치할 수 있고, 박사급 외부 인사를 상임/임시 공동 연구원(Scientific Collaborators)으로 초빙할 수 있습니다.

- 비서팀(Secretariat)
- 도서관팀(Documentation Centre)
- 마케팅&개발팀(Marketing & Development)
- FIFA 마스터팀(FIFA Master)
- 스포츠 분석팀(Sports Observatory)
- 스포츠 인텔리전스(Sports Intelligence)
- 국제 대학교 네트워크팀(International University Network)
- 임원교육팀(Executive Education)

❷ 교육 프로그램

CIES의 첫 번째 주요 사업인 '교육'은 다음의 7개 과정으로 구성되어 있습니다. FIFA 마스터, 스포츠 법학 석사과정, 스포츠 인문학과정은 CIES 연계 '학위과정'입니다. 나머지 4개는 직무능력 향상과 전문성 증진을 위한 실무자 보수교육(또는 평생교육) 과정입니다.

- [학위] FIFA 마스터(FIFA Master-International Master in Management, Law and Humanities of Sport)
- [학위] CIES 스포츠 법학 석사과정(CIES Master in Sports Law)
- [학위] CIES 스포츠 인문학 과정(CIES Sports Humanities)
- FIFA 축구법 전문가 인증과정(FIFA Diploma in Football Law)
- CIES 사내기업가 과정(CIES Program in Intrapreneurship)
- CIES 스포츠 경영 최고위과정(CIES Executive Program in Sports Management)
- CAS/DAS 스포츠법 전문가 과정(CAS/DAS in Sports Law)

2.1. FIFA 마스터

FIFA 마스터(FIFA Master)는 CIES를 중심으로 영국의 드몽포트대학교(De Montfort University), 이탈리아의 SDA 보코니매니지먼트스쿨(SDA Bocconi School of Management), 스위스의 뉴샤텔대학교(University of Neuchâtel)가 협력해 운영하는 스포츠 경영학 석사과정입니다. 2000년 시험적으로 시작되어 제3회 졸업식이 열린 2003년 7월 공식적으로 개교하였습니다.

FIFA 마스터는 자체 집행위원회(Executive Board), 과학위원회(Scientific Committee), CIES 사무국의 FIFA 마스터팀이 운영합니다. 집행위원회는 CIES 회장과 사무총장, FIFA 대표, 졸업생 대표, 과학위원회 위원 등 11명으로 구성되고 운영 및 재정 등 교육과정의 전반적인 사항을 총괄합니다. 과학위원회는 CIES 디렉터인 의장과 3개 협력 대학교의 대표들, 총 7명으로 구성되고 강의 구성, 입학지원서 검토, 신입생 선발, 장학금 수혜자 선정 등의 학제 및 학생 관련 사항을 전담합니다. 사무국 FIFA 마스터 팀은 양 위원회의 활동을 행정적으로 지원합니다.

본 프로그램은 'Sport Business International'이 평가하는 '유럽 내 아카데미 순위'에서 2012년부터 2021년까지, 2016년을 제외하고 줄곧 1위에 선정되었습니다.

교과과정

FIFA 마스터는 스포츠행정가 양성에 목적을 두고 있어 모든 교육이 실무를 근간으로 이루어집니다. 교과목은 3개의 모듈, 스포츠 인문학(Humanities of Sport), 스포츠 경영학(Sport Management), 스포츠 법학(Sport Law)을 중심으로 구성되어 있습니다. 전체 프로그램은 매년 8월에 시작해 다음 해 7월까지 1년간 아래의 일정으로 운영되고, 강의는 월요일부터 금요일까지 하루 5~8시간 영어로 진행됩니다.

- 8월~9월: 사전 영어 교육
- 9월~12월: 모듈 1. 스포츠 인문학
- 12월~1월: 크리스마스 방학
- 1월~3월: 모듈 2. 스포츠 경영학
- 3월~4월: 방학
- 4월~6월: 모듈 3. 스포츠 법학
- 6월~7월: 컨퍼런스, 졸업식

공식 과정이 시작되기 전, 영어가 모국어가 아닌 학생들을 위해 '사전 영어 교육'이 8월에 먼저 열립니다. 본 과목은 수강을 원하는 학생만 참가하는 '선택 과정'입니다. 사전 영어 교육과 '모듈 1'은 드몽포트대학교에서, '모듈 2'는 SDA 보코니매니지먼트스쿨에서, '모듈 3'과 컨퍼런스 및 졸업식은 뉴샤텔대학교에서 진행됩니다. 그룹 프로젝트는 '모듈 2'의 시작과 동시에 시작되어 '모듈 3'의 종료와 동시에 마감되고, 이의 결과발표회인 '컨퍼런스'에는 학계 및 산업계 전문가와 졸업생 등이 초청됩니다. 모듈별 과목은 다음과 같습니다.

- 모듈 1. 스포츠 인문학: 전통과 윤리, 근대 스포츠의 기원, 스포츠와 미디어, 스포츠의 프로화, 스포츠의 국제화, 연구 방법, 커뮤니케이션, 재무
- 모듈 2. 스포츠 경영학: 재무, 마케팅, 조직과 거버넌스, 전략, 비즈니스 기획, 이벤트 경영
- 모듈 3. 스포츠 법학: 스포츠 법, 스포츠 기구, 클럽, 스포츠인, 스포츠 책임, 스포츠 윤리, 분쟁 해결

성적은 모듈별 평가 25%와 최종 그룹 프로젝트 평가 25%로 산정됩니다. 각 모듈은 지필 시험, 구두 시험, 팀 활동, 제출 과제 결과로 평가됩니다. 제출된 모든 자료의 소유는 CIES에 귀속되고, 혹여 법적 문제 발생 시 분쟁 해결에는 스위스 법이 적용됩니다.

입학전형

FIFA 마스터 입학 지원은 전용 웹페이지를 통해 이루어집니다. 우편 접수도 가능하지만, 배송 문제 등으로 인해 오프라인 지원 방식은 선호되지 않습니다. 온라인 신청서는 7개 섹션(인적 사항, 학력, 경력, 에세이, 재정 및 장학금, 개별 요청 사항, 구비 서류 업로드)으로 구성되어 있습니다. 학사학위 유무와 현장 업무 경험 2년 이상 보유 여부가 가장 중요한 사항으로 고려됩니다. 장학금을 신청하고자 하는 경우 '재정 및 장학금' 페이지 내 추가 질문에도 답변해야 합니다. '구비 서류 업로드'에는 영문으로 작성된 아래의 자료들을 업로드해야 합니다. 프랑스어, 독일어, 이탈리아어, 스페인어 버전의 자료도 제출 가능하나, 이러한 경우 공증받은 영문 번역본을 함께 첨부해야 제출로 인정됩니다. 해당 서류

들의 원본은 '모듈 3' 학기가 시작되기 전 뉴샤텔대학교에서 다시 실물로도 제시되어야 합니다.

- 대학교 졸업증명서 및 성적증명서
- 고등학교 졸업증명서 및 성적증명서
- 여권 사본(졸업까지 전체 기간 유효해야 함)
- 영문 이력서(2페이지 이내)
- 추천서 2부(실무자 추천서 1부, 학자 추천서 1부)
- 영어성적증명서(IELTS 7.5 이상; CEFR C1 이상; TOEFL IBT 100점 이상, PBT 600점 이상, CBT 250점 이상)
- GMAT 또는 GRE 성적표(의무 제출 항목은 아니나 제출 시 송합평가에 고려)

영어가 모국어인 자, 영어권 국가에서 대학교를 졸업한 자, 영어가 주 언어인 조직에서 다년간 근무한 자, 모국어가 영어인 배우자를 둔 자는 과학위원회가 허락할 경우 영어성적증명서를 제출하지 않아도 됩니다.

신청서 작성 중 임시저장 및 수정 횟수에는 제약이 없으나, 최종 제출 이후에는 확인 메일이 자동으로 발송되고 이후에는 수정이 불가합니다. 합격자 선발까지는 3~4개월이 소요됩니다. 매년 다양한 배경을 가진 25개국의 30명 내외 학생들이 선발됩니다.

FIFA 마스터의 학비는 CHF 25,000(3,930만 원)입니다. 합격 통지를 받은 후 근무일 기준 20일 이내에 납부를 완료해야 하고, 분납과 환불은 불가합니다. 숙박과 식사 등에 필요한 1년 생활비는 CHF 20,000(3,140만 원)입니다. 드몽포트대학교에서는 별도 비용 지불 시 학생기숙사 이용이 가능하지만, SDA 보코니매니지먼트스쿨과 뉴샤텔대학교에서는 학교에서 소개하는 부동산을 통해 각자 숙소를 마련해야 합니다.

장학금은 매년 8명에게 지급됩니다. 2명에게는 전액장학금 CHF 45,000(7,070만 원)씩, 4명에게는 학비장학금 CHF 25,000(3,930만 원)씩, 그리고

'CIES 국제네트워크 대학교' 출신 2명에는 학비와 생활비 전액장학금 CHF 45,000(7,070만 원)씩이 지원됩니다.

학생들은 졸업 후 '피파 마스터 졸업생 연합회(FIFA Master Alumni Association)'에 자동으로 편입됩니다. 이는 졸업생 대표들로 구성된 자체 위원회를 중심으로 운영됩니다. 2007년 설립되었고, 다음의 활동들을 수행합니다.

- 재학생-졸업생, 졸업생-졸업생 간 네트워킹 지원: 멘토십 프로그램, 초청 세미나, 워크샵 등
- 뉴스레터 발행을 통한 정보 공유: 채용, 연구 프로젝트, 스포츠 산업 동향, CIES 주관행사 등
- 졸업생 정보 관리: 연락처, 근무지, 활동 소식 등
- 기부자 관리: CIES 주관행사에 초대, 기념품 제공 등
- 연례 만남 행사 개최: 지역별 네트워크 행사, 국제 스포츠 대회를 이용한 전체 만남 등

2.2. CIES 스포츠 법학 석사과정

'CIES 스포츠 법학 석사과정(CIES Master in Sports Law)'은 스포츠 분야 전문 법률가 양성을 위해 CIES와 뉴샤텔대학교가 공동으로 설립한 대학원 과정입니다. CIES는 2005년 설립 시부터 전체 운영 비용을 지원하고, 뉴샤텔대학교는 경영에 관한 제반 사항을 관리합니다.

본 프로그램은 곧 뉴샤텔대학교 스포츠법(Sports Law) 전공 석사과정입니다. 이는 뉴샤텔대학교 내 4개 학부(Faculty) 중 하나인 법학부(Faculty of Law) ⊃ 법학부 내 4개 석사과정 중 하나인 법학석사(Master in Law) ⊃ 법학석사 내 9개 세부전공 중 하나인 전공영역입니다. 이에, 입학부터 졸업까지 모든 행정적 사항은 뉴샤텔대학교의 일반 대학원생 규정을 따릅니다. 9월 중순에 시작하는 가을학기 입학을 원할 경우 4월

말까지, 2월 중순에 시작하는 봄학기 입학을 원할 경우 11월 말까지 신청서 제출을 완료해야 합니다.

스위스 내 대학교에서 법학사를 취득한 경우에는 추가 교육이 필요하지 않지만, 법을 전공하지 않았거나 스위스 외 대학교에서 법학사를 취득한 경우에는 추가 과목 수강이 필요할 수 있습니다.

전체 과정은 총 3개 학기로 운영되고 모든 수업은 프랑스어로 진행됩니다. 졸업요건은 강좌 60학점(전공필수 20, 일반선택 12, 전공선택 28), 세미나 12학점, 석사학위논문 18학점, 총 90학점입니다. 강좌명과 세미나 주제는 다음과 같습니다.

- 스포츠 협회와 소식(Associations et organisations sportives)
- 도핑 관련법(Droit du dopage)
- 스포츠와 경제법(Droit économique et sport)
- 국제적 중재(International Arbitration)
- 선수의 상태(Statut personnel du sportif)
- 스위스 스포츠와 국제스포츠의 구조 및 조직(Structures et organisations du sport suisse et international)
- 스포츠에 대한 사회-역사적 접근(Approche socio-historique du sport)
- 경제형법(Droit pénal économique)
- 스포츠 사회학 입문(Introduction à la sociologie du sport)
- 스포츠 관련 계약(Les contrats dans le domaine du sport)
- 도핑 방지 코드 위반(Les infractions dans le Code mondial antidopage)
- 스포츠 순수성과 스포츠 베팅(Intégrité du sport et paris sportifs)

2.3. CIES 스포츠 인문학 과정

'CIES 스포츠 인문학 과정(CIES Sports Humanities)'은 CIES가 운영비를 지원하고 뉴샤텔대학교 인문대학(Faculté des lettres et sciences humaines)이 주관하는 학사 및 석사 학위과정입니다. 프로그램을 주관하는 대학인 인문대학 교과과정을 따른다는 점과 교육 대상을 CIES 소속 연구원으로 특정한다는 점 이외엔 앞서 소개한 '스포츠 법학 석사과정'과 유사한 형태로 위탁 운영됩니다. 스포츠 인문학 내 여러 영역 중 스포츠 사회학과 스포츠 지리학을 더 비중 있게 다룹니다.

2.4. FIFA 축구법 전문가 인증과정

'FIFA 축구법 전문가 인증과정(FIFA Diploma in Football Law)'은 FIFA와 CIES가 스포츠 분야 종사자들에게 축구와 스포츠에 관한 법률 지식을 제공하기 위해 공동으로 구축한 임직원 보수 교육 과정입니다. 본 프로그램의 자체위원회인 'CIES 운영위원회(Management Board)'는 프로그램 전반을 관장하고, 'CIES 학술위원회(Academic Board)'는 학생과 강사에 관한 사항을 담당합니다. 전체 과정은 5개 영어 모듈로 구성되고 각 모듈은 서로 다른 지역에서 5일씩 진행됩니다. 해당 지역 내 축구 관련 명소 방문이 프로그램에 포함되는 경우도 있습니다.

한 사이클은 2월부터 다음 해 3월까지입니다. 제1회 과정(2020년)에는 26명이, 제2회 과정(2022년)에는 24명의 교육생이 참가하였습니다. 제2회 과정의 경우 다음의 일정으로 진행되었습니다.

- 모듈 1. 축구법 개관: 국제 축구 관련 조직 현황, 굿 거버넌스, 리더십 (2022년 2월, 카타르 도하)
- 모듈 2. FIFA 이적 규정 1: 선수, 클럽, 국가협회 간 계약 관련 규정 및 이슈(2022년 5월, 미국 마이애미)
- 모듈 3. FIFA 이적 규정 2: FIFA 분쟁해결시스템, 선수 지원 및 보상

(2022년 9월, 파라과이 루케)

- 모듈 4. 기타 축구 관련법: 징계, 도핑 방지, 상업적 권리, TV 중계권, 스폰서십(2022년 11월, 이집트 카이로)
- 모듈 5. 스포츠중재재판소 심사 절차: CAS의 활동 및 축구 관련 판례, 소송 방법(2023년 3월, 스위스 취리히)

스포츠 관련 조직에 소속되어 있는 자는 누구나 지원할 수 있습니다. 지원은 별도의 웹페이지에 지원서, 이력서, 직장 상사의 추천서를 등록하는 방식으로 이루어집니다. 모집은 6월부터 9월까지 진행되고 합격자는 당해 10월에 발표됩니다. 등록금은 USD 10,000(1,330만 원)입니다. 수업 관련 자료와 교육기간 동안의 점심식사가 모두 포함된 비용입니다.

2.5. CIES 사내 기업가 과정

'CIES 사내 기업가 과정(CIES Program in Intrapreneurship)'은 스포츠 산업계 전문가들을 대상으로, 급변하는 국제스포츠 환경 내에서 그들 각자가 자신이 속한 조직의 혁신을 이끌어갈 수 있도록 교육하는 실무자 재교육 프로그램입니다. CIES와 JNC Consulting이 합작해 설계한 본 과정은 한 주에 3~5시간씩 9주 동안 온라인으로 진행됩니다. CIES 교육 프로그램들 중 가장 최근에 개설되었고, 2021년 10월부터 12월까지 한 차례 운영된 바 있습니다.

모든 과정은 CIES 온라인 교육 플랫폼을 통해 다음의 커리큘럼에 따라 영어로 진행됩니다. 강의, 사례연구, 전문가 인터뷰, 영상 시청, 자료 공유, 과제, 토론 등이 종합적으로 이루어집니다. 9주차 강좌 직후에는 졸업식이 열립니다.

- 1주. 재창조의 필요성(The need to reinvent)
- 2주. 기회 발견 방법(How to spot opportunities?)

- 3주. 올바로 이해하기(Getting it right)
- 4주. 사람 중심 이해(Start with empathy)
- 5주. 휴식(Break)
- 6주. 사업 모델 개발(Developing the business model)
- 7주. 조직의 방향 모색(Navigate the organization)
- 8주. 의사결정권자 설득하기(Pitching to executives)
- 9주. 실행 계획(Your action plan)

스포츠 관련 조직에 종사 중인 자는 누구나 지원이 가능하고, 이력서와 지원서를 CIES 담당부서 이메일로 발송하면 지원이 완료됩니다. 지원서에는 지원 이유, 현재 속한 조직에서 이루고자 하는 혁신, 해당 프로그램을 통해 얻고자 하는 점에 대한 내용이 포함되어야 합니다. 메일 발송 후 48시간 이내에 확인 답신이 발송되고, 합격 여부는 지원일로부터 4주 이내에 안내됩니다. 합격자에게는 합격 안내문과 함께 등록금 EUR 650(96만 원)의 고지서가 송달됩니다. FIFA 마스터 또는 CIES 네트워크 대학교 출신 학생들에는 등록금이 일정 부분 감액됩니다.

2.6. CIES 스포츠 경영 최고위과정

'CIES 스포츠 경영 최고위과정(CIES Executive Program in Sports Management)'은 참여자들이 학업과 일상생활을 병행하면서 스포츠 경영학을 공부할 수 있도록 설계된 지역 특화형 단기 교육과정입니다. 본 프로그램은 CIES의 감독하에 다음의 19개국 내 파트너 대학교들이 주관합니다. 수료증은 CIES와 주관대학교가 공동으로 발행합니다.

- 아메리카(10개국): 아르헨티나, 칠레, 코스타리카, 브라질, 페루, 에콰도르, 트리니다드토바고, 베네수엘라, 푸에르토리코, 콜롬비아
- 아프리카(3개국): 이집트, 세네갈, 남아프리카공화국

- 유럽(3개국): 스페인, 러시아, 폴란드
- 아시아(3개국): 인도, 팔레스타인, 아랍에미리트

학생 선발, 교과목 편성, 강사진 구성, 학비, 장학금 등에 관한 운영 전반적인 사항은 각 대학교가 지역별 여건에 맞춰 유연하게 결정합니다. 교육은 아래 5가지 형태 중 하나로 수행되고, 모든 수업은 파트너 대학교가 위치한 국가의 언어로 진행됩니다.

- 저녁 수업
- 저녁 수업&주말 수업
- 주중 집중 수업
- 주말 집중 수업
- 대면-비대면 혼합 클래스

전체 과정은 6개 모듈(경영, 커뮤니케이션, 법률, 이벤트 경영, 재무, 마케팅과 스폰서십), 총 170시간 내외로 구성됩니다. '국제 대학교 네트워크 (IUN, International University Network)'가 주관하는 세미나와 컨퍼런스가 프로그램의 일부로 추가되어 함께 진행되는 경우도 있습니다. 평가는 출석과 자체시험, 그리고 그룹 프로젝트의 결과를 토대로 이루어집니다.

'그룹 프로젝트'에서 최고점을 받은 국가별 대표팀은 타 지역 대표팀들과 한 번 더 경쟁합니다. 2010년부터 매년 최종우승팀에는 상금 (IUN Prize)이 지급되고, 스위스 뉴샤텔에 방문해 'FIFA 마스터' 학생들을 대상으로 우승작에 대해 발표할 수 있는 기회가 주어집니다. 심사는 FIFA 대표, CIES 사무국 담당부서 직원, 국가별로 1명씩 임명된 로컬 코디네이터 등으로 구성된 평가단이 맡습니다.

본 프로그램에는 학사학위가 있으면 전공 분야, 나이, 성별, 장애, 인종 등에 제약 없이 누구나 지원할 수 있습니다. 스포츠 분야에서 임원, 직원, 자원봉사자 등으로 활동한 경험이 있거나 스포츠 관련 프로젝트에 참여한 경험이 있는 지원자에는 입학 인터뷰에서 가산점이 부여됩니다.

수료 후 'FIFA 마스터'로 학업을 이어가는 학생은 2011년 이래 운용되는 'IUN 장학금'을 신청할 수 있습니다. 수혜자로 선정되면 전액장학금 CHF 45,000(7,070만 원)을 지원받고 모듈당 1개 이상의 활동보고서를 제출해야 합니다. 사전 협약한 의무를 다하지 않거나 마스터 과정을 온전히 수료하지 못할 경우 장학금은 반환 조치됩니다.

2.7. CAS/DAS 스포츠법 전문가 과정

'CAS/DAS 스포츠법 전문가 과정(CAS/DAS in Sports Law)'은 스포츠 관련인들에게 스포츠법 교육을 지속적으로 제공할 수 있도록 CIES가 뉴샤텔대학교, 스위스 스포츠법률협회(Association Suisse de Droit du Sport)와 협력해 구축한 평생교육 프로그램입니다. 이는 뉴샤텔대학교 법과대학(Faculty of Law) 주관하에, 앞서 소개한 '스포츠 법학 석사과정'의 '비학위과정' 형태로 운영됩니다. 학생들은 해당 석사과정의 강좌들 중 화요일에 진행되는 과목을 석사과정생들과 함께 수강하는 방식으로 학점을 취득합니다.

CAS(Certificate of Advanced Studies) 수료에는 강좌 16학점 이수가, DAS(Diploma of Advanced Studies) 수료에는 강좌 32학점과 논문작성 4학점, 총 36학점 이수가 요구됩니다. 모든 과정은 프랑스어로 진행되지만, DAS의 논문은 영어로도 작성 가능합니다. '스포츠와 경제법' 과목은 지필시험으로, 나머지 과목은 구술시험으로 평가됩니다.

봄학기 기간은 2월부터 7월, 가을학기 기간은 9월부터 12월까지입니다. 입학 등록 마감은 봄학기 2월 1일, 가을학기 9월 1일입니다. 법학사 이상이면서 스포츠 분야 근무 유경험자인 자만 입학이 가능하나, 스포츠 분야에서 활동한 경력이 충분히 인정되는 경우에는 예외가 적용될 수 있습니다. CAS 등록금은 CHF 3,000(470만 원), DAS 등록금은 CHF 5,000(780만 원)입니다.

③ 연구 및 컨설팅

CIES의 두 번째 주요 사업은 '연구 및 컨설팅'입니다. '연구'는 CIES 연구원들(Scientific Collaborators)이 주축이 되어 스포츠를 법학, 사회학, 지리학, 역사학, 경영학 등의 다양한 관점에서 깊이 조사하고 그 결과를 학계와 공유해 스포츠 학문 발전에 기여하는 일련의 집단 지성 활동을 의미합니다. '컨설팅'은 CIES 연구팀인 'CIES Observatory'와 'CIES Sports Intelligence'가 클라이언트 조직이 의뢰한 이슈들에 대해 진단하고 '연구'의 결과들을 토대로 각 조직에 최적의 처방을 제공해 문제해결을 돕는 지식 서비스 활동입니다. '연구 및 컨설팅' 사업은 다음의 5개 영역으로 구성되어 있습니다.

- 출간(Publications)
- 학술회(Events)
- 도서관(Documentation Centre)
- FIFA 연구장학금(FIFA Research Scholarship)
- CIES 연구팀(CIES Research Team)

'출간'은 연구의 결과들을 보고서, 논문, 책 등의 형태로 정형화해 내놓는 사업입니다. 출간물은 'CIES 온라인샵'을 통해 판매됩니다. '학술회'는 FIFA와 CIES의 임직원들과 스포츠 관련인들을 초청해 진행하는 심포지엄, 워크샵, 토론회 등의 지식 교류 활동입니다. '도서관'은 축구 관련 자료를 수집하고 관리하는 CIES 정보 관리 플랫폼입니다. 이는 온라인과 오프라인으로 동시에 운영되며, 외부인도 이용이 가능합니다. 오프라인 도서관에는 사서가 상주해 있습니다. 'FIFA 연구장학금' 사업과 'CIES 연구팀' 사업은 다음 별도의 장을 통해 자세히 알아보겠습니다.

FIFA 연구장학금

'FIFA 연구장학금'은 축구 관련 연구의 촉진과 신진연구원 양성을 위해 FIFA가 후원하고 CIES가 주관하는 연례 연구 장려금 지원 사업입니다. 신청서 평가, 장학생 선발 및 관리, 지원 금액 결정, 전체 일정 및 예산 운용 등 운영에 관한 모든 사항은 심사위원회(Selection Committee)가 주관합니다. 본 사업은 매년 다음의 절차로 진행됩니다.

- 8월 15일: 접수 개시
- 9월 30일: 접수 마감
- (다음 해) 1월 중: 장학생 선발자 발표
- 2월 중: 장학금 1차분 지급
- 3월 1일: 연구 개시
- 6월 30일: 장학금 2차분 지급
- 10월 30일: 장학금 3차분 지급
- (다음 해) 2월 말: 장학금 4차분 지급

40세 미만이면서, 학위논문을 작성 중인 박사과정 2년 차 이상인 자 또는 연구기관에 소속되어 수행 중인 연구가 있는 자만 신청이 가능합니다. 진행 중인 연구로 타 장학금을 받고 있는 경우 중복 수혜는 불가합니다. 신청 형태는 개인과 팀으로 구분됩니다. 팀 신청의 경우 최대 5명까지 구성이 가능하고 팀원 전체에 대한 자료가 제출되어야 합니다. 또한 팀원 모두의 요건이 지원 자격에 부합해야 하고, 각 팀원의 역할이 지원서에 명확히 설명되어야 합니다. CIES와 팀의 소통은 각 팀의 리더를 통해서만 이루어집니다.

신청 횟수는 1년에 1회로 제한됩니다. 지원자는 선발이 되지 않을 경우 다음 해에 동일한 연구주제로 다시 신청이 가능합니다. 연구주제에 확연한 차이가 있을 경우 평생 최대 2회까지 지원을 받을 수 있습니다. 접수는 전용 웹페이지를 통해 이루어지고, 온라인 신청서는 다음의 7가지 내용으로 구성되어 있습니다.

- 연구제안서(연구의 필요성 및 목적, 문헌조사 및 이론적 배경, 연구 문제 및 가설, 연구 방법, 예상 결과, 출처, 전체 연구 일정)
- 이력서(3페이지 이내)
- 소속 기관 증명서(재학증명서, 재직증명서 등)
- 연구 경력(1페이지 이내)
- 추천서 2개(제출일 기준 3개월 이내 작성분)
- 신분증 사본
- [선택사항] 축구 관련 조직의 지지서(제출일 기준 3개월 이내 작성분)

제출된 신청서는 학문적 발전에의 기여도, 기한 내 완료 가능성, 예산 계획의 적절성 등의 관점에서 다면적으로 평가됩니다. 장학 금액은 최대 USD 30,000(4,000만 원) 내에서 연구별 차등 지급됩니다. 지원은 총 4회로 나눠 이뤄집니다. 1차분은 연구제안서 내용을 근거로, 2차분은 1차 중간보고서 평가 결과를 근거로, 3차분은 중간 발표와 2차 중간보고서 평가 결과를 근거로, 마지막 4차분은 최종보고서, 결과 발표, 연구 요약문, 지출보고서 등의 종합평가를 근거로 지급됩니다.

제안서는 영어, 프랑스어, 스페인어 중 하나로 작성되어야 하고 중간보고서와 최종보고서는 제안서와 동일한 언어로 작성되어야 합니다. 중간보고서는 정해진 양식에 따라 10페이지 이내로 구성되어야 하고, 최종보고서는 자유양식에 연구의 필요성 및 목적, 이론적 배경, 연구 문제 및 가설, 연구 방법, 결과 및 결론, 논의 및 제한점, 출처 등의 내용을 포함해 50~100페이지 분량으로 작성되어야 합니다.

사업 일정은 심사위원회가 승인할 경우 변경될 수 있습니다. 단, 연구 개시일이 늦춰질 경우 보고서 평가와 장학금 지급도 해당 날짜만큼 연기됩니다. 최대 지연 가능 기간은 장학금 1차분 지급일로부터 6개월까지입니다. 최종보고서 제출은 연구 시작일로부터 12개월 이내를 원칙으로 하나, 특수한 경우 최대 12개월까지 연장될 수 있습니다.

프로젝트의 모든 과정은 지출보고서 승인에 따른 4차분 장학금 지급을 끝으로 마무리됩니다. 지출보고서는 기 제출된 예산 사용 계획서 내용을 준용해 장학금 사용 가이드라인에 명시된 항목에만 지출이 이루어졌음을 증명하는 설명서입니다. 해당 가이드라인을 준수하지 않을 경우 장학금 지급이 중단되거나 지급액의 반환이 요구될 수 있습니다.

최종보고서는 CIES 도서관에 소장됩니다. 최종 결과 발표 이후 6개월간 최종보고서에 대한 소유권은 CIES에 귀속되고, 출판이 결정될 경우 요약본 제출이나 추가적인 수정이 요청될 수 있습니다. 연구자가 자신의 연구물을 상업적으로 이용하고자 하는 경우 또는 이를 이용해 지식재산권을 신청하고자 하는 경우에는 먼저 CIES의 허가를 얻어야 합니다. 상업적 이용에 따른 수익금이 상당할 경우 지원된 장학금의 일부 또는 전액의 반환이 요구될 수 있습니다.

CIES 연구팀

CIES 연구팀(CIES Research Team)은 'CIES Observatory' 팀과 'CIES Sports Intelligence' 팀으로 구성되어 있습니다. 이들은 연구와 컨설팅을 수행하는 주체로서 종목별 국제연맹, 국가올림픽위원회, 이벤트 조직위원회 등의 스포츠 기구들을 대상으로 전략 수립, 솔루션 제안, 법률 자문, 보수 교육 등의 지식서비스를 제공합니다. 지리학, 역사학, 정치학, 사회학, 사회과학 등 다양한 분야의 전문가들이 상임연구원으로 근무 중이고, 필요시 네트워크 연구기관 또는 외부 연구원들과 협력해 프로젝트를 수행합니다.

'CIES Observatory'는 통계 분석에 특화된 연구기관입니다. 연구물은 설문과 보고서 분석 등을 통해 얻은 양적 자료를 기반으로 생산되고, 연구 결과는 홈페이지를 통해 공유되거나 'CIES 온라인 숍'을 통해 판매됩니다. 'CIES Observatory' 산하에 위치한 'CIES Football Observatory'

는 축구 선수의 경기력과 팀의 활동을 분석해 이의 결과를 별도 웹사이트를 통해 정기적으로 공유합니다. 'CIES Sports Intelligence'는 일반 컨설팅 회사와 흡사한 형태로 운영됩니다. 연구 주제나 컨설팅 대상 측면에서 'CIES Observatory'보다 유연합니다. 각 고객사에 맞춤형 서비스를 제공하고 국제회의, 전시회, 세미나, 컨퍼런스 등의 운영을 대행하기도 합니다.

2장 AISTS 국제 스포츠 과학 기술 아카데미_스위스

AISTS(국제 스포츠 과학 기술 아카데미)
- 홈페이지: www.aists.org
- 이메일: info@aists.org
- 전화번호: 0041 (0)21 692 6480
- 주소: Quartier UNIL-Centre, Bâtiment Synathlon, 1015 Lausanne, Switzerland

'AISTS(Académie Internationale des Sciences et Techniques du Sport, 국제 스포츠 과학 기술 아카데미)'는 스위스 로잔대학교 캠퍼스 내에 위치한 국제 스포츠 경영 교육기관입니다. 본 비영리 교육 재단은 '스포츠 경영학에 인문학, 생명과학, 공학을 접목해 스포츠 융합 지식을 생산하고 이를 교육 및 컨설팅 등을 통해 전파'하는 것을 목표로 2000년 설립되었습니다. 이는 전체 프로그램의 양대 축을 '교육'과 '연구 및 컨설팅'으로 규정하고 이를 중심으로 다양한 활동을 전개하고 있습니다.

'AISTS 교육'은 마스터과정, 단기과정, 맞춤과정으로 나뉘어 운영됩니다. 강의실에서 이루어지는 대면 교육을 기본으로 하지만, 필요에 따라 온라인 교육을 병행하기도 합니다. 수업 대상은 정규 재학생들로 제한하지만, 일부 수업은 오픈코스로 변환해 일반인들의 청강을 허용하기도 합니다.

'AISTS 연구 및 컨설팅'은 자체 연구원, 네트워크 대학의 교수, 현장 전문가, AISTS 교수와 재학생 조합으로 이루어진 연구팀 등을 통해 추진됩니다. AISTS는 '연구 및 컨설팅' 서비스 제공 분야를 스포츠와 관련된 주제 및 조직으로 한정합니다. 프로젝트 종료 이후에는 컨퍼런스를 열어 유관 조직들과 결과물을 공유합니다.

이러한 활동들을 인정받아 AISTS는 국제 교육기관 검증기구 'Eduniversal'이 수행한 평가에서 '스포츠 경영학' 분야 세계 1위를 2015년 이래 줄곧 유지하고 있습니다. 당 기관은 교육프로그램에 대한 평판, 직업 전망, 졸업 후 첫 직장에서 받는 급여 수준, 졸업생의 만족도 등을 주요 평가 항목으로 사용하고 있습니다.

1 거버넌스

AISTS의 설립은 국제 스포츠 기구들의 맏형 격인 IOC(국제올림픽위원회)와 '올림픽 수도'로 불리는 로잔시(市)가 주도하였습니다. 이 흐름에 스위스 보주(州)와 스위스 내 5개 교육기관이 공동 설립기관으로 동참하였습니다. 이들 8개 조직의 협력은 현재까지 긴밀히 유지되고 있습니다.

- 국제올림픽위원회(International Olympic Committee)
- 로잔시(市)(City of Lausanne)
- 보주(州)(Canton of Vaud)
- 로잔대학교(University of Lausanne)
- 로잔연방공과대학교(Ecole Polytechnique Fédérale de Lausanne)
- 제네바대학교(University of Geneva)
- 국제경영개발원(Institute for Management Development)
- 로잔호텔학교(Ecole Hôtelière de Lausanne)

AISTS는 4개 위원회와 사무국을 중심으로 운영됩니다. '설립위원회(Foundation Council)'는 8개 공동설립기관을 대표하는 17명으로 구성됩니다. 이는 조직 내 최상위 기구로서 행정적, 재정적, 법적 사항 등을 총괄합니다. '집행위원회(Executive Committee)'는 설립위원회 17명의 대표로 선정된 6명으로 구성됩니다. 이들은 설립위원회가 위임한 범위 내에서 사안별 세부 결정들을 내립니다. '과학위원회(Scientific Committee)'와 '전문가 자문 그룹(Advisory Group of Experts)'은 AISTS의 협력 대학교 교수 및 스포츠 현장 전문가들로 구성됩니다. 과학위원회는 석사과정 운영을, 그리고 전문가 자문 그룹은 프로젝트 개발 및 수행을 담당합니다. 사무국은 위원회들이 내린 결정사항을 실무적으로 이행하는 역할을 수행합니다. 사무국에는 다음 12개의 직책이 있습니다.

- 국장(Executive Director)
- 회계담당관(Accountant)
- 자문관(Scientific Advisor)
- 전략 및 교육팀장(Head of Strategy & Education)
- 사업개발팀장(Head of Business Development)
- 연구 및 프로젝트 매니저(Research & Project Manager)
- 이러닝 프로젝트 매니저(E-Learning Project Manager)
- 마케팅 및 커뮤니케이션 매니저(Marketing and Communication Manager)
- 학생처장(Admissions & Student Affairs Officer)
- 프로그램 및 인적자원 담당관(Programme and HR Officer)
- 진로 코치(Professional Career Coach)
- 스위스-아시아 프로젝트 개발 전문가(Swiss-Asia Project Development Specialist)

AISTS는 스위스 로잔에 위치한 지리적 강점을 조직 네크워크 강화에 십분 활용합니다. 로잔에는 IOC를 포함한 다양한 국제 스포츠 기구 및 기업들의 본부가 밀집해 있습니다. AISTS는 이들 인근 조직들의 경영 상황을 면밀히 살펴 각자의 여건에 맞춘 파트너십 계약을 유연하게 체결합니다. 파트너십의 영역에는 따로 제한을 두지 않으나, 일반적으로 다음 3개 영역을 중심으로 교류합니다.

- 교육적 협력: 컨퍼런스, 워크샵, 세미나, 트레이닝, 온라인교육
- 학문적 협력: 연구, 컨설팅, 지식 공유
- 실무적 협력: 인턴십 지원, 채용 연계

❷ 교육 프로그램

AISTS 프로그램의 첫 번째 축은 '교육'입니다. 이는 다음 3개 과정
으로 구성되어 있습니다.

- 마스터 교육과정(Master of Advanced Studies in Sport Administration and Technology Postgraduate Degree),
- 단기 교육과정(Short Courses and Seminars),
- 맞춤 교육과정(Tailored Education)

'마스터과정'은 15개월간 진행되는 일반적 형태의 대학원 석사학위
과정입니다. '단기과정'은 스포츠 내 특정 이슈를 선정해 3~5일간 집중
적으로 다루는 심화 교육과정입니다. '맞춤과정'은 조직의 핵심 인력들
에 대회 운영 등에 필요한 실무적 지식을 단기간에 효율적으로 전달하
는 선별적 교육과정입니다.

마스터과정은 매년 정기적으로, 단기과정과 맞춤과정은 필요에 따
라 비정기적으로 운영됩니다. 마스터과정이 전체 교육 프로그램의 중심
에 위치하고, 일부 강의는 오픈코스(Open Course)로 전환되거나 단기과
정 또는 맞춤과정과 연계된 형태로 진행되기도 합니다.

2.1. AISTS 마스터

'AISTS 마스터(Master of Advanced Studies in Sport Administration and
Technology Postgraduate Degree)'는 AISTS 전체를 대표하는 핵심 프로그
램입니다. 매년 9월부터 다음 해 12월까지 다음의 9개 모듈, 총 90학점
커리큘럼으로 운영됩니다. 9월부터 다음 해 6월까지는 일반 대학원 석
사과정 수업과 동일한 형태로 강의, 과제, 시험, 현장학습 등이 진행됩
니다. 강의는 자체 교원, 연계 대학교 교수, 협력 조직의 전문가 등이
진행합니다.

- 경영학(Management Module), 16학점
- 법학(Law Module), 10학점
- 사회학(Sociology Module), 8학점
- 의학(Medicine Module), 8학점
- 기술(Technology Module), 8학점
- 통합학문(Transdisciplinary Module), 12학점
- 팀프로젝트(Team Project), 8학점
- 연구 보고서(Research Paper), 8학점
- 인턴십(Work Experience), 12학점

수업 중 일부는 오픈코스로 운영됩니다. 해당 강좌는 재학생은 물론 외부인도 사전 등록 후 비용만 납부하면 참가가 가능해 해당 주제에 흥미가 있는 일반인, 스포츠 기구 재직자, 향후 석사과정에 뜻이 있어 수업을 미리 경험하고자 하는 학생 등이 다양한 목적으로 참여합니다.

개강 후 2개월이 지난 11월부터는 강의에 덧붙여 2개 모듈이 추가 가동됩니다. 첫 번째 추가 모듈은 이듬해 6월까지 총 8개월간 진행되는 '팀프로젝트'입니다. 이는 모든 재학생들이 3~5개의 팀으로 나눠져 담당 교수 지도하에 스포츠 조직에 실제적 컨설팅을 제공하는 프로그램입니다. 20~40페이지 분량으로 작성되는 영문 결과보고서(5월)와 교수, 재학생, 그리고 클라이언트 조직 대표를 대상으로 진행되는 최종 프레젠테이션(6월) 결과로 평가됩니다. 클라이언트는 프로젝트 비용으로 CHF 8,000(1,250만 원)을 AISTS에 지불합니다. 컨설팅 결과가 탁월한 경우 연구를 수행한 학생은 후속 프로젝트에 참여하거나 졸업 후 해당 조직에 관련 프로젝트 담당자로 입사하기도 합니다.

두 번째 추가 모듈은 11월부터 이듬해 8월까지 10개월간 진행되는 '독립 연구'입니다. 이는 재학생 개개인이 담당 교수 지도하에 자신의 관심 분야에 대해 깊이 연구해 결과물을 발표하는 모듈입니다. 최종보고서는 총 20페이지로 작성됩니다. 1차 계획발표(1월), 2차 계획발표(2

월), 중간발표(5월), 결과발표(8월) 순서로 진행됩니다.

강의와 팀프로젝트가 끝난 시점인 7월부터는 '인턴십' 프로그램이 시작됩니다. 근무할 스포츠 조직은 직접 수소문해야 하고, 상근(full-time)으로 최소 8주 이상 근무해야 모듈 이수가 인정됩니다.

입학전형

AISTS 마스터과정에는 매년 35~45명이 선발됩니다. 지원자는 다음의 4개 요건 중 한 가지 이상을 충족해야 합니다.

- 로잔연방공과대학교가 인증하는 석사학위 및 실무경력 2년 이상 보유 (업무 분야 무관)
- 로잔연방공과대학교가 인증하는 학사학위 및 실무경력 5년 이상 보유 (업무 분야 무관)
- 로잔연방공과대학교가 인증하는 학사학위 및 스포츠 분야 경력 5년 이상 보유(선수 경험 포함)
- 스포츠 분야 실무 경력 8년 이상 보유 및 AISTS의 수학 가능 여부 평가 통과(보유한 학위가 로잔연방공과대학교의 인증을 얻지 못할 경우)

학생모집은 매년 9월에 시작되고 12월, 다음 해 3월, 6월, 총 3차로 나눠 입학신청서 접수가 진행됩니다. 올림픽 등의 국제대회 참가로 지원 일정을 맞추지 못한 선수들에게는 마감 기한이 연장됩니다. 지원에 관해 궁금한 점은 개별 이메일 문의와 입학처(Admissions Team)가 운영하는 온라인 Q&A 세션을 통해 확인 가능합니다.

학비는 CHF 29,900(4,700만 원)입니다. 3회 분납이 가능하고(1차 CHF 10,000; 2차 CHF 10,000; 3차 CHF 9,900), 납부 후 일정 기간 이후에는 환불이 불가합니다. 장학금은 아래 명시된 자체 2개, 외부 연계 2개 프로그램으로 구성되어 있습니다. 온라인 입학신청서 작성 시 '장학금' 페이지를 통해 신청하고, 2개 이상에 동시에 해당되는 경우 중복 신청이 가능합니다.

- 선수 장학금(AISTS Athlete scholarship): 학비 50% 지원
- 미래 스포츠 여성 리더 장학금(AISTS Future female leader in sport scholarship): 학비 50% 지원
- 파트너 대학교 장학금(Partner university scholarships): 학비 93% 지원
- 스위스 올림픽 장학금(Swiss Olympic scholarship): 학비 93% 지원

AISTS는 예비 학생들이 본인의 입학 자격 여부를 미리 확인할 수 있도록 홈페이지 내에 'Am I Eligible?(지원 자격 확인)' 페이지를 운영합니다. 다음의 사항을 입력하면 수일 내에 답변을 받을 수 있습니다.

- 이름, 성별, 나이, 학력, 국적, 거주 국가
- 이메일 주소, 전화번호
- 업무 경력 및 세부 설명
- 스포츠 분야 경험 설명(행정직, 선수, 코치, 자원봉사 등)
- AISTS에 대한 정보를 알게 된 경로

온라인 입학신청서

'지원 자격 확인' 과정을 통해 사전 심사에 통과하면 '입학 신청(Application)' 페이지를 통해 지원합니다. 지원서는 총 18개 장으로 구성되어 있습니다. 다음은 페이지별 주요 내용 및 작성 방법입니다.

1) 환영 인사: 신청서 작성 시 주의사항이 안내되어 있습니다. 중간 자동저장 기능이 있어 언제든 보완이 가능하나, 제출 이후에는 수정이 불가합니다.

2) 개인 정보: 이름, 이메일, 생년월일, 성별, 국적, 출생지, 여권번호 등 인적사항을 기입합니다. 증빙을 위해 사진, 여권사본, 지원서

(motivation letter) 등을 첨부합니다. 지원서는 다음의 4개 질문에 대한 답변들을 포함해 2~3쪽 분량으로 작성합니다: (1) AISTS에 지원한 동기가 무엇인가요?, (2) AISTS 졸업 후 어느 분야에서 일하고 싶나요?, (3) 오늘날 스포츠가 직면한 가장 큰 문제는 무엇이라고 생각하나요?, (4) 재학 기간 동안 학비와 생활비는 어떻게 충당하실 계획인가요?

3) 연락처: 거주지 주소, 이메일 주소, 전화번호를 기입합니다.

4) 학력: 학교 이름, 총 학기 수, 소재지, 전공명, 입학 연도, 졸업 연도, 학위명 등 졸업한 대학교에 관한 정보를 기입합니다. 여러 학교를 졸업한 경우 최대 3개까지 기재할 수 있습니다. 증빙을 위해 학위수여 증명서, 성적증명서, 공증번역본(증빙 자료가 영어, 프랑스어, 독일어, 이탈리아어로 발급되지 않는 경우)을 첨부합니다. 각 문서에는 조직의 직인 또는 대표의 서명이 포함되어 있어야 합니다.

5) 근무 경력: 근무 지역, 부서, 직책, 상근(full-time)으로 재직했던 기간, 입사일, 퇴사일, 담당 업무 등 실무 경력에 대한 정보를 기입합니다. 여러 곳에서 근무한 경우 가장 대표되는 경력을 최대 3개까지 기재할 수 있습니다. 증빙을 위해 이력서와 2명의 추천서를 첨부합니다. 추천서는 영문으로 작성되어야 하고, 다음의 4개 사항에 대한 내용이 포함되어야 합니다: (1) 지원자의 평판, (2) 지원자의 강점과 약점, (3) 지원자의 성과물과 잠재력, (4) 추천인의 서명과 연락처.

6) 스포츠 분야 업무 경력: '근무 경력' 페이지에 기입한 내용이 스포츠 분야 외에서의 경력일 경우, 스포츠 분야 내에서의 경력을 그와 동일한 양식으로 기재합니다. 여러 곳에서 근무한 경우 가장 대표되는 경력을 최대 3개까지 기입할 수 있습니다.

7) 선수 경력: 선수 출신이라면 해당 종목명, 수준(국제, 국가, 국내 지역, 대학교, 취미), 포지션, 성과, 활동 기간을 기입합니다. 경력이 다수일 경우 가장 대표되는 경력을 최대 3개까지 기재할 수 있습니다.

8) 기타 활동 경력: 봉사 활동 또는 사회 공헌 활동 등과 같은 전문 분야 외 활동 경험에 대한 사항을 조직명, 국가, 활동 부서, 직책, 주요

업무, 시작일, 종료일 중심으로 기입합니다. 외부 활동이 다수일 경우 대표되는 사항으로 최대 3개까지 기재할 수 있습니다.

9) 언어 능력: 외국어 능력을 기입합니다. AISTS의 공식 언어는 영어이므로 이에 대한 정보를 가장 먼저 기재합니다. 수준은 초급부터 모국어까지 총 4단계로 구분합니다. 기타 외국어 구사 능력이 있는 경우 영어 포함 최대 4개까지 추가로 기재 가능합니다.

10) 영어 시험 점수: 영어권 국가의 국민이 아닌 경우 '언어 능력' 페이지에 기재한 내용 중 '영어'에 대한 세부사항을 기입합니다. 토플(TOEFL), 아이엘츠(IELTS), 캠브리지잉글리시(CPE) 중 1개 또는 2개의 결과를 기입하고 해당 성적표를 첨부합니다. 토플은 iBT 85점 이상(각 영역 20점 이상), PBT 550점 이상, CBT 213점 이상, 아이엘츠는 평균 6.0 이상(각 영역 5.5 이상)이어야 지원이 가능합니다.

11) 타 기관 프로그램 지원 여부: AISTS 이외 기관에서 운영하는 스포츠 경영 교육과정에의 지원 여부를 기입합니다. 해당 사항이 있는 경우 프로그램명과 시행되는 국가명을 기재합니다.

12) 인도 캠퍼스 지원: AISTS 인도 캠퍼스에의 지원 여부를 표기합니다.

13) 장학금: 다음 4건의 장학금 프로그램 중 신청요건을 충족하는 곳에 지원합니다.

- 선수 장학금: 국제 수준급 선수(은퇴선수 포함, 국제연맹 또는 국가 올림픽위원회의 성적증명 확인서 첨부), 학비의 50% 자비로 충당
- 미래 스포츠 여성 리더 장학금: 여성, 수혜자로 선정될 경우 AISTS 홍보대사로 활동, 학비의 50% 자비로 충당, 스포츠 리더 또는 롤 모델로 기여한 경험
- 파트너 대학교 장학금: AISTS 파트너 대학교에서 받은 석사학위(로잔대학교, 로잔연방공과대학교, 제네바대학교, 로잔호텔학교), 석사 과정 중 교수와 함께 프로젝트에 참여한 경험(프로젝트 요약본과 지도 교수 추천서 첨부), 개인 연구 논문 작성 경험, 대학교와 연계

된 스포츠 관련 인턴십 2개월 이상 참여 경험, 스포츠 분야 활동 경험(근무, 봉사활동 등)

- 스위스 올림픽 장학금: 스위스 국민, 스위스올림픽위원회의 추천서, AISTS 파트너 대학교에서 취득한 학위, 학사학위와 스포츠 분야 활동 경력 5년 이상 또는 석사학위와 스포츠 분야 활동 경력 2년 이상, 스위스올림픽위원회 관련 프로젝트 참가 경험(프로젝트 요약본과 스위스올림픽위원회 프로젝트 담당자의 추천서 첨부), 석사과정 중 교수 지도하에 개인 연구 논문 작성한 경험, 스위스 올림픽위원회 연계 인턴십 2개월 이상 참여 경험

14) 프로모션 및 커뮤니케이션: AISTS에 대해 처음 알게 된 때부터 본 입학신청서를 작성하는 시점까지 소요된 기간과 AISTS에 대해 알게 된 경로에 대해 기입합니다.

15) 기타 정보: 재학 기간 동안 필요한 재정을 어떻게 충당할 것인지, 그리고 앞 페이지들에 기입하지 못했으나 추가로 언급하고 싶은 사항이 있으면 기재합니다.

16) 첨부 파일 확인: 각 페이지에 첨부한 증빙자료들이 올바로 업로드 되었는지 한눈에 확인합니다.

17) 확정: 등록에 관한 모든 요건을 정확히 이해했는지, 기재한 내용이 사실인지, AISTS 규정을 준수하는 것에 동의하는지 등에 관한 내용을 마지막으로 확인합니다.

18) 확인: 입학신청서가 제출되었다는 내용의 지원 절차상 마지막 페이지입니다. 신청 마감일로부터 6주 이내에 합격 여부가 이메일로 발송됩니다.

졸업생 관리

AISTS는 재학생과 졸업생 간, 동일 기수 졸업생 간, 기수별 졸업생 간 네트워킹을 개발하고 확장하기 위해 노력합니다. 졸업생 대표들로 구성된 자체 위원회(Alumni Committee)는 매년 아래의 사업들을 추진하고, 동문들에게 행사 및 채용 등에 관한 정보를 정기적으로 공유합니다.

- 멘토십 프로그램(졸업생과 재학생 간)
- 졸업생 프로필 관리(업데이트 및 외부 공유)
- 졸업생 대상 설문조사(개별 활동 현황 등)
- 졸업생 워크숍 및 스포츠행사
- 졸업생과의 대화

2.2. AISTS 비학위 교육과정

AISTS 비학위 교육과정(Short Courses and Seminars)은 다음 3개 카테고리로 구성되어 있습니다.

- 지속가능한 스포츠와 이벤트(SSE, Sustainable Sports & Events)
- 스포츠 이벤트 경영 및 조직 세미나(SEMOS, Sport Event Management and Organisation Seminar)
- 보너스 강의(Bonus)

지속가능한 스포츠와 이벤트(SSE)

'SSE'는 스포츠 조직의 리더 또는 정책 개발자들이 조직 및 이벤트 전략 수립 시 지속가능성을 고려하고 이를 조직 내에서 실행할 수 있도록 교육하는 것을 목표로 합니다. 교육은 이틀간 진행되고 기획, 운영, 측정, 평가 등을 종합적으로 다룹니다. 참가비는 CHF 480(75만 원)입니다. 국제종목연맹, 국가종목연맹, 국가올림픽위원회에 재직 중인 자와 AISTS 졸업생에는 참가비가 10% 할인됩니다.

스포츠 이벤트 경영 및 조직 세미나(SEMOS)

'SEMOS'는 스포츠 매니저들이 이벤트를 다양한 관점에서 바라보고 이면에서 일어나는 작은 일들까지 세심히 고려해 종합적 계획을 세워 추진할 수 있도록 교육하는 것을 목표로 합니다. 2001년 이래 진행되고 있는 본 과정은 4~5개의 주제를 먼저 설정하고, 각 주제에 적합한 강사를 초청해 강의를 진행하는 방식으로 운영됩니다. 주제 구성에 따라 수업은 4일 또는 5일간 진행되고, 현장 강의, 온라인 강의, 이들을 연계한 하이브리드 강의 형태로 다양하게 운영됩니다. 일반 참가비는 CHF 2,200(340만 원)이고 온라인으로만 참여하는 경우에는 CHF 1,000(150만 원)입니다. 온/오프라인 모든 참가자들에는 동일한 참가 증명서가 발급됩니다. 국제종목연맹, 국가종목연맹, 국가올림픽위원회에 재직 중인 자와 AISTS 졸업생에는 참가비가 10% 할인됩니다.

보너스 강의(Bonus)

'보너스 강의'는 특정 주제에 대한 강의의 수요나 필요가 있을 때만 개설되는 비정기 과정입니다. 형태, 날짜, 장소, 대상, 비용 등의 내용은 때마다 달라집니다. 최근에는 도핑 방지와 이스포츠(eSports)를 주제로 다룬 바 있습니다.

❸ 연구 및 컨설팅

AISTS 프로그램의 두 번째 축은 '연구 및 컨설팅'입니다. 조직 내에서는 이를 '프로젝트'로 명명하고, 착수부터 결과 발표까지를 한 사이클로 규정합니다. 프로젝트는 참여 인력에 따라 다음 두 형태로 구분됩니다: (1) 과학위원회 관리하에 석사과정 재학생들이 교육과정 중 일부로 수행하는 프로젝트, (2) 교수 및 전문연구원 등으로 구성된 '전문가 자문그룹'이 직접 연구자로 참여하는 프로젝트.

AISTS에서는 클라이언트 조직의 요구에 따라 매년 다양한 연구들이 진행되고 있습니다. 이들 중 가장 많이 다루어지는 4대 주제는 경제적 영향, 지속가능성 및 레거시, 스포츠 기술 경영, 스포츠 개발입니다.

- 경제적 영향: 스포츠 조직 또는 이벤트 등이 특정 지역에 미치는 경제적 손익을 양적 방법으로 측정 및 평가
- 지속가능성 및 레거시: 스포츠 이벤트가 특정 지역에 미치는 영향을 사회적, 문화적, 환경적, 도시 개발적 측면에서 분석해 긍정적 영향은 늘리고 부정적 영향은 줄이는 방안 마련
- 스포츠 기술 경영: 경기에 사용되는 장비, 기술, 의류, 시스템 등을 국제 표준에 맞춰 개발하고 이의 안전을 점검하며 실사용을 위한 법적 승인 취득까지 지원
- 스포츠 개발: 거버넌스, 리더십, 도시화, 성평등, 기후 변화 등 스포츠 조직들이 직면하는 각종 이슈에 대한 대처 방안 제시

결과발표는 컨퍼런스 또는 세미나의 형태로 진행됩니다. 용역 주제가 민감한 경우에는 클라이언트 조직의 대표단만을 대상으로 발표회를 진행하나 그렇지 않은 경우에는 재학생, 스포츠 조직의 유사 업무 담당자, 해당 주제에 관심을 갖는 타 전공 학생들에게도 참석을 허용합니다.

4 AISTS 인도 캠퍼스

AISTS는 2022년부터 인도 캠퍼스(AISTS India)도 함께 운영합니다. 인도 뭄바이에 설립된 본 기관은 다음의 2개 프로그램을 운영합니다.

- 석사학위과정(Post-Graduate Certificate Program in Sport Management and Technology)
- 임원교육과정(Executive Education Program in Sport Management)

석사학위과정은 12개월간 전일제(full-time)로 교육이 진행되고, 졸업자들은 '스위스 AISTS' 졸업자와 동일한 인정을 받습니다. 임원교육과정은 9개월에 거쳐 총 45일간 진행됩니다. 두 교육과정의 입학에 관한 모든 사항은 'AISTS INDIA' 전용 웹페이지를 통해 안내 및 진행되나, 전체 절차는 'AISTS 스위스'와 동일합니다. 교과 모듈은 다음과 같이 구성되어 있습니다.

- 경영학(Management)
- 법학(Law)
- 통합학문(Transdisciplinary Studies)
- 사회학(Sociology)
- 의학(Medicine)
- 기술(Technology)
- 리더십(Leadership)

두 코스 모두 온라인 과정과 오프라인 과정을 동시에 운영합니다. 각 교과과정 및 참여 형태에 따른 학비는 다음과 같습니다.

- 석사학위과정(세금 18% 별도): 오프라인 INR 1,000,000(1,590만 원), 온라인 INR 500,000(795만 원)
- 임원교육과정(세금 18% 별도): 오프라인 INR 700,000(1,110만 원), 온라인 INR 350,000(555만 원)

3장 IOA 국제 올림픽 아카데미_그리스

IOA(국제 올림픽 아카데미)
• 홈페이지: www.ioa.org.gr
• 이메일: ioa@ioa.org.gr
• 전화번호: 0030 210 687 8809
• 주소: 52, Dimitrios Vikelas Avenue, 152 33 Chalandri,
  Athens, Greece

IOA(International Olympic Academy, 국제 올림픽 아카데미)는 그리스 올림픽위원회 주관으로 올림픽 발상지인 고대 그리스에 설립된 올림픽 교육 및 연구기관입니다. 본 조직의 비전은 '올림픽 정신을 계승하고 이의 가치를 현대 사회에 전파하는 것'입니다. 추구하는 목표는 다음과 같습니다.

- 올림픽의 역사, 전통, 문화 등을 보존
- 올림피즘 확산 및 올림픽 운동 재현
- 올림픽 관련 교육 제공(이상, 원칙, 적용, 현대 이슈 등)
- 올림픽 관련 정보 구축
- IOA에 축적된 경험과 지식을 국제스포츠계에 공유(학술대회 운영, 저널 출간, 책 출판, 연구보고서 및 각종 교육 프로그램 운영 보고서 발행 등)

IOA의 설립에 관한 논의는 1927년, 근대 올림픽 창시자인 피에르 드 쿠베르탱(Pierre de Coubertin)에 의해 시작되었습니다. IOC와 그리스 올림픽위원회는 이를 다음의 절차로 구체화해 IOA를 1961년 개소하였습니다.

- [1938년] 그리스올림픽위원회, IOA의 설립 계획 승인
- [1938년] IOC, IOA의 설립 계획 승인(제37회 IOC 총회, 이집트 카이로)
- [1939년] IOC, IOA에의 후원 승인(제38회 IOC 총회, 영국 런던)
- [1947년] IOA, IOC에 운영계획서 제출(제40회 IOC 총회, 스웨덴 스톡홀름)
- [1949년] IOC, 그리스올림픽위원회의 IOA 설립 및 운영 승인(제43회 IOC 총회, 이탈리아 로마)
- [1961년] IOA 공식 개소(6월 16일)

IOA는 올림피즘 전파에 기여한 공로로 1961년과 1970년에 보나코나상(Bonacosa Award)을 수상하였고 1981년에는 IOC로부터 '올림픽 컵'을 수상했습니다. 개소 이후 교육 프로그램 개발, 교육 시설 및 공간 확보, 파트너 조직 발굴에 집중하였고, 조직 안팎으로 다음의 과정을 거쳐 오늘의 모습으로 성장하였습니다.

- [1967년] IOA, 건물 및 시설 완공(이전까지는 임시텐트에서 수업과 숙식 해결)
- [1967년] IOC, IOA와 올림픽 관련 기구들 간 관계 증진을 위해 특별 분과위원회 설립
- [1987년] IOA, 건물 내에 도서관 마련(올림픽 관련 데이터베이스 구축 사업 일환)
- [1994년] IOA, 시설 증축(컨퍼런스홀, 강의실, 도서관, 행정실, 기숙사, 레스토랑, 카페, 실내외 스포츠 시설 등)

- [2003년] IOA, 그리스 법인으로 등록
- [2012년] IOA, 미국 하버드대학교와 예일대학교를 포함한 다수의 대학교 및 연구소와 협력 체결
- [2021년] IOA, IOC 후원으로 시설 전체 개보수

IOA 캠퍼스는 '미니 올림픽 빌리지' 형태로 건설되었습니다. 2021년 IOC의 후원으로 시설 전체가 개보수되면서 강의 시설(회의실, 교실, 강당), 체육 시설(실내외 훈련장, 경기장, 샤워실), 숙박 시설(호텔, 레스토랑, 카페) 등의 교육 인프라가 종합적으로 완비되었습니다. IOA 부지 및 인근에는 쿠베르탱 기념비 등의 올림픽 관련 상징물과 고대경기장 및 박물관 등의 유적지가 위치해 있습니다.

1 거버넌스

IOA는 그리스올림픽위원회 산하 법인입니다. IOC가 IOA 설립단계부터 운영비의 대부분을 후원하고 있으며, 1991년 이래 올림픽 헌장에 이의 지원을 명문화해오고 있습니다. 본 아카데미는 두 상위 기관의 중간에서 올림픽 교육 관련 공동 프로젝트를 도맡아 수행합니다. 석사 과정 운영 등 외부의 전문적인 도움이 필요한 프로그램은 파트너 기관들과 협력해 진행합니다.

IOA의 경영은 이사회와 사무국이 담당합니다. 이사회는 집행위원 5명과 일반위원 6명, 총 11명(4년 임기)으로 구성됩니다. 이 중 IOC 추천인 3명과 그리스올림픽위원회 추천인 5명은 당연직입니다. 그리스올림픽위원회 추천인에는 해당 조직의 회장과 사무총장, 그리스 국적의 IOC 위원, 고대올림피아 시장이 포함됩니다. 사무국은 학장과 사업별 담당자 및 시설 관리자 등을 포함해 총 14명으로 구성되어 있습니다.

IOA는 NOA(National Olympic Academy, 국가 올림픽 아카데미)를 회원으로 둡니다. NOA의 설립은 IOC가 올림픽 헌장을 통해 NOC(국가올림픽위원회)에 권고하는 사항입니다. NOA는 153개국에 설치되어 있고, 각 국가 내에서 NOC, 올림픽 연구소, 대학교 등과 협력해 올림피즘 교육을 개발 및 수행합니다. 이는 국가별 여건에 따라 NOC 산하 또는 개별 조직 형태로 존재합니다. NOA가 없는 국가는 NOC가 이의 역할을 대신합니다.

❷ 교육 프로그램

IOA 교육 프로그램은 1개 석사학위과정(IOA 마스터)과 6개 비학위 단기교육과정(세션 또는 세미나)으로 구성되어 있습니다. IOA의 공용어는 영어, 프랑스어, 그리스어, 3개 국어이나 별도로 프로그램별 공식 언어를 지정하지 않는 경우 모든 과정은 영어로 진행됩니다. 각 프로그램은 종료 후 결과보고서를 남기고 이는 IOA 홈페이지를 통해 공유됩니다.

IOA는 재학생 및 졸업생들의 진로 개발 및 외연 확장을 위해 올림픽 대회 조직위원회와 특수 계약을 체결해 교류 프로그램을 추진합니다. 대표적 협력 사례는 다음과 같습니다.

- [2010년] 싱가포르 유스올림픽에 'Discovering the Olympic Values' 프로그램 통해 참여
- [2012년] 인스부르크 동계유스올림픽에 'Culture and Educational Program'통해 참여(오스트리아)
- [2012년] 런던올림픽에 'Greek House'통해 참여(영국)
- [2014년] 난징 유스올림픽 참여(중국)
- [2015년] 바쿠 유러피언게임 참여(아제르바이잔)
- [2016년] 릴레함메르 동계유스올림픽에 'Learn & Share' 프로그램 통해 참여(노르웨이)
- [2018년] 부에노스아이레스 유스올림픽 참여(아르헨티나)

2.1. IOA 마스터

'IOA 마스터'는 IOA와 그리스 펠로폰네소스대학교(University of the Peloponnese)의 협력으로 2009년 개설되었습니다. 본 석사학위과정의 정식 명칭은 '올림픽 연구, 올림픽 교육, 올림픽 이벤트의 조직 및 경영'입니다. 이는 다음의 갈래를 따라 위치해 있습니다: 1) 펠로폰네소스대학교 인간움직임및생명과학대학 ⊃ 2) 스포츠조직및경영학부 ⊃ 3) 올림픽 연구, 올림픽 교육, 올림픽 이벤트의 조직 및 경영 전공(IOA 마스터).

펠로폰네소스대학교 내 'IOA 마스터' 위치

1) 펠로폰네소스대학교 9개 단과대학
   • School of Economics and Technology
   • School of Humanities and Cultural Studies
   • School of Social and Political Sciences
   • School of Arts
   • School of Management
   • School of Health Sciences
   • School of Agriculture and Food
   • School of Engineering
   • **School of Human Movement and Quality of Life Sciences (인간움직임및생명과학대학)**

2) 인간움직임및생명과학대학 내 1개 과정
   • **Department of Sports Organization and Management (스포츠조직및경영학부)**

3) 스포츠조직및경영학부 내 5개 전공
   • Master Degree in Sports Ethics and Integrity
   • Management of Athletic Organizations and Businesses
   • Organization and Sport Management for People with Disabilities
   • Master of Science in Modern Sport Communication, Journalism and Photo Press
   • **Olympic Studies, Olympic Education, Organization and Management of Olympic Events(IOA 마스터; 올림픽 연구, 올림픽 교육, 올림픽 이벤트의 조직 및 경영 전공)**

'IOA 마스터'는 올림픽에 관한 이론과 실무를 겸비한 전방위적 전문가 양성을 목표로 합니다. 세부적으로, 올림픽 철학을 이해하고 더 깊이 연구하며 이를 교육할 수 있는 전문가, 올림픽 교육 프로그램을 개발하고 평가할 수 있는 전문가, 올림픽 등의 메가 스포츠 이벤트를 조직 및 운영할 수 있는 전문가, 현대 스포츠가 직면한 여러 문제들을 창의적인 방법으로 타개해갈 수 있는 전문가 등의 육성을 지향합니다.

본 과정은 다음의 시기에 따라 1년, 3개 학기로 진행됩니다. 1학기와 2학기는 IOA와 펠로폰네소스대학교 시설 내에서 이루어지고, 대부분의 과목은 펠로폰네소스대학교 현직 교수들이 담당합니다. 3학기는 교실 강의 없이 개인별 논문작성에만 집중되어 특정 지역에 국한되지 않습니다. 매년 최대 40명의 학생들이 선발됩니다.

- 4월: 지원신청서 마감(이메일 또는 우편으로 제출)
- 9월~11월: 1학기(9주, 그리스 내)
- (다음 해) 4월~6월: 2학기(9주, 그리스 내)
- 9월~(다음 해) 2월: 3학기(자율 지역)

교과과정은 올림피즘의 3대 축인 '교육', '스포츠', '문화'를 근간으로 구성됩니다. 모든 강의는 영어로 진행되고 평가는 수업별 참여도, 모듈별 과제, 학기별 시험, 논문 심사 결과로 내려집니다. 학기별 모듈은 다음과 같이 구성되어 있습니다.

| 1학기 필수 모듈
- 고대 스포츠의 역사와 철학: 스포츠의 탄생과 발달
- 근대 올림픽: 하계올림픽과 동계올림픽의 부활과 역사적 발전; 올림픽의 사회적, 정치적, 문화적 측면; 올림픽 연구기관; 올림픽 법률
- 올림픽 교육 1: 학교 내 올림픽 교육 프로그램 개발 및 시행

- 스포츠와 윤리: 올림픽 철학
- 사회과학과 올림픽 연구 방법

| 2학기 필수 모듈

- 올림픽 교육 2: 학교용 올림픽 교육 프로그램 개발 및 시행
- 올림픽과 주요 스포츠 대회: 조직, 경영, 기술, 유산, 미디어, 커뮤니케이션
- 스포츠 마케팅과 올림픽 스폰서

| 선택 모듈

- 올림픽 관련 기구와 국제 관계
- 스포츠 내에서의 도덕 의식
- 스포츠 이벤트의 전략 및 운영 기획
- 스포츠 기구의 재무관리
- 스포츠 정책

| 3학기

- 석사학위논문 준비, 제출, 발표

전공에 상관없이 학사학위가 있으면 누구나 입학 지원이 가능합니다. 그러나 선발에는 스포츠 관련 기관 종사자/경력자 또는 국제기구 내 스포츠 관련 사업 담당자/경력자가 우선으로 고려됩니다. 심사는 1차 서류전형과 2차 면접전형(온라인)으로 진행됩니다. 서류심사는 지원서와 이에 관한 각종 증명서, 그리고 추천서 등을 토대로 이루어집니다. 모든 증명서는 제출 전 그리스 대사관/영사관 또는 그리스 변호사에게서 진위를 확인(아포스티유) 받아야 하고, 추천서는 현직 대학교수로부터 1부, NOA, NOC 또는 스포츠 관련 조직의 장으로부터 1부, 총 2부를 받아 제출해야 합니다. 지원서에는 다음의 내용이 필수로 포함되어야 합니다.

- 인적 사항: 이름, 생년월일, 주소, 전화번호, 이메일, 여권번호, 부모님 이름
- 학력 사항: 학교명, 전공, 학위명, 이수 학점 및 성적(수강한 과목들의 개별 성적), 재학 연도, 학위논문 제목, 논문 점수, 학업 유형(전일제, 정시제, 온라인 등)
- 언어 능력: 영어시험 성적, 기타 언어 시험 성적
- 실무 경력: 직책, 담당 업무, 재직 기간
- 연구 경력: 논문, 서적 등의 각종 출간물
- 스포츠 및 기타 활동: 세미나 참석, 학계 활동, 수상, 자원봉사

등록금은 총 EUR 5,000(740만 원)이고 학기별 분납이 가능합니다. 그리스에 체류하는 2개 학기 동안의 숙식비는 EUR 3,500(510만 원)입니다. 현장학습 등 강의 외 활동비는 IOA 후원사인 '존랫시스재단(John Latsis Public Benefit Foundation)', '올림피아코스FC(Olympiacos FC)', '마리타임(M/Maritime)'이 지원합니다. IOC 올림픽 솔리다리티 위원회(Olympic Solidarity Commission)는 매년 학생 10명에 학비 장학금을 지급하고, 경제적 여건이 마땅치 않은 학생에게는 추가로 숙식비와 항공료도 지원합니다. 이는 자국 NOC를 통한 신청, 올림픽 솔리다리티의 승인 및 지급, IOA에의 자동 납부의 절차로 진행됩니다.

2.2. IOA 비학위 교육과정

IOA 비학위 단기 교육 프로그램은 6개 전문가 과정으로 구성되어 있습니다. 각 프로그램은 '세션' 또는 '세미나'로 명명되고, 프로그램별 명칭에는 교육의 대상이 포함됩니다. 매회 새롭고 다양한 주제가 다루어지지만 모든 교육과정의 목표는 사실상 '올림픽 정신 전파'와 '참가자들 간 네트워킹(교류)'으로 귀결됩니다. 전체 프로그램은 그리스 아테네와 올림피아 지역에서 열리고 언어에 대한 별도의 안내가 없는 경우 영

어로 진행됩니다. 세션 및 세미나별 결과보고서는 IOA 홈페이지에 공유됩니다. IOA 단기 교육 프로그램의 종류는 다음과 같습니다.

- 청소년 올림픽 대사 국제 세션(International Session for Young Olympic Ambassadors)
- NOA 및 NOC 대표단 국제 세션(International Session for NOAs' and NOCs' delegates)
- 대학원생 올림픽 연구 국제 세미나(International Seminar on Olympic Studies for Postgraduate Students)
- 체육고등연구소 교육자 국제 세션(International Session for Educators of Higher Institutes of Physical Education)
- 올림픽 메달리스트 및 올림피언 국제 세션(International Session for Olympic Medallists or Olympians)
- 스포츠 언론인 국제 세션(International Seminar for Sports Journalists)

청소년 올림픽 대사 국제 세션

'청소년 올림픽 대사 국제 세션(International Session for Young Olympic Ambassadors)'은 IOA 개소일인 1961년 6월 16일에 열린 IOA의 첫 프로그램이자 현재까지 계속되는 최장수 프로그램입니다. '청소년 국제 세션(International Session for Young Participants)'으로 명명되다가 2022년 제62차 세션부터 지금의 이름으로 변경되었습니다. 매년 열리는 본 세션은 국가별 NOA가 선발한 '청소년 스포츠 대사'들을 미래 스포츠 지도자로 양성해 그들이 각자의 지역에서 올림피즘을 전파하도록 지원하는 것을 목표로 합니다. IOC 올림픽교육위원회(Commission for Olympic Education)와의 협력하에 다음의 내용들로 2주간 진행됩니다.

- 개회식: '프닉스(PNYX)'에서 개최(아테네 민주주의의 상징지)
- 견학 및 현장학습: 유적지, 박물관, 스포츠 경기장 등

- 강의 및 그룹 토론
- 올림픽 경험담 발표
- 교류 활동: 문화 활동(음악, 춤, 연극, 미술, 영화 시청, 국가별 전통문화 소개 등), 스포츠 활동(축구, 농구, 배구 등의 '필수 참여 그룹 스포츠'; 탁구, 수영, 육상 등의 '선택 참여 개인 스포츠'), 야외 활동(성화 봉송 체험, 등산, 해변 야유회 등)
- 폐회식

강의와 그룹 토론은 의무적으로 참가해야 하는 '핵심 활동'입니다. 나머지는 선별적 참여가 가능한 '선택 활동'입니다. 강의는 기본적으로 영어로 진행되나 부득이 프랑스어 또는 그리스어로 신행될 시 영어 동시통역이 제공됩니다. 그룹 토론은 강의 직후 이어집니다. 그룹은 '영어 그룹'과 '프랑스어 그룹'으로 나뉘고, 각 그룹은 IOA 코디네이터 2명을 포함해 전체 12명 내외로 구성됩니다. 토론 결과는 전체 학생들을 대상으로 발표되고 결과보고서에도 게재됩니다.

국가별 참가자는 각국 NOA가 직접 만 20세 이상 30세 이하인 자로 최대 3명을 선발합니다. 참가 신청은 온라인으로 진행되며 지원자의 참가신청서와 세션 수료 이후의 활동 계획서를 NOA가 IOA에 대리 접수하면 신청이 완료됩니다. '세션 수료 이후 활동 계획서'에는 자국 NOA 프로그램 참여 계획, 본 세션을 통해 얻을 지식과 경험의 전파 계획(소셜미디어 활동 등), 올림픽 관련 지식 교환을 위한 네트워크 활동 계획, 스포츠 또는 올림픽 관련 연구 및 교육 계획 등이 포함되어야 합니다. NOA는 선발자들이 그리스로 출국하기 전 본 세션에 대한 사전 교육을 실시합니다. 세션 수료 이후, 활동계획서에 언급했던 사항이 실제로 이행되면 해당 내용은 NOA를 통해 IOA에 보고되고 이는 IOC에 공유됩니다.

등록비(Registration Fees)는 EUR 150(22만 원), 참가비(Participation Fees)는 EUR 1,000(148만 원)입니다. 숙식과 그리스 현지 교통 비용은 IOA가 부담하나, 그리스 비자 관련 비용은 자부담입니다. 올림픽 솔리다리티는 NOC당 최대 2명(남자 1명, 여자 1명)에 참가비 전액과 항공료 (이코노미석) 50%를 지원합니다.

NOA 및 NOC 대표단 국제 세션

'NOA 및 NOC 대표단 국제 세션(International Session for NOAs' and NOCs' delegates)'은 전 세계 153개 NOA와 206개 NOC 임원들을 대상으로 열리는 강연회입니다. IOC 올림픽교육위원회(Commission for Olympic Education) 및 문화및올림픽유산위원회(Culture and Olympic Heritage Commission)와의 협력하에 NOA 간 교류, NOA와 NOC 간 협력, NOA가 없는 국가의 NOC에 NOA 설립 독려, 올림픽 교육 프로그램 개발 및 운영 권고 등을 목적으로 운영됩니다. 본 세션은 2022년, 아래의 기존 네 개 세션을 통합해 지금의 형태로 개편되었습니다.

- NOA 회장 또는 디렉터 국제 세션(International Session for Presidents or Directors of National Olympic Academies, 1986~2020)[1]
- NOA 회장/디렉터 및 NOC 임원 연합 국제 세션(Joint International Session for Presidents or Directors of National Olympic Academies and Officials of National Olympic Committees, 1992~2018)
- NOC 및 종목별 국제연맹 임직원 국제 세션(International Sessions for Members and Staff of National Olympic Committees and International Federations, 1978~1991)
- NOA 디렉터, NOC 및 종목별 국제연맹 임직원 연합 국제 세션(Joint International Sessions for Directors of National Olympic Academies, Members and Staff of National Olympic Committees and International Federations, 1992~2004)

---

[1] 'NOA 회장 또는 디렉터 국제 세션'은 제1회(1986년)부터 제13회(2015년)까지는 'NOA 디렉터 국제 세션(International Session for Directors of National Olympic Academies)'이라는 이름으로 열렸습니다.

전체 프로그램은 그리스 현지 입국일과 출국일을 포함해 7일 내외로 구성되고 강의, 참가자 발표, 그룹 토의, 견학 등의 내용으로 편성됩니다. 강의는 영어 또는 프랑스어로 진행되며 양 언어 간 동시통역이 상시 제공됩니다. 매년 강의의 주제는 달라지나 참가자 발표의 주제는 '국가별 올림픽 교육 활동'으로 동일합니다.

참가 신청은 전용 웹페이지를 통해 이루어집니다. 지원자는 참가신청서와 함께 세션 종료 이후 추진할 프로젝트에 대한 계획서를 제출해야 합니다. 해당 계획서에는 스포츠를 관할하는 정부 부처와의 중장기 관계 수립, 대학교 또는 연구소 등과의 협력체계 구축, 종목협회 또는 클럽과의 협력을 통한 올림픽 교육 프로그램 개발, 선수 및 지도자와의 소통 전략 수립(소셜미디어 활용 등) 등에 관한 내용이 포함되어야 합니다.

등록비는 EUR 80(11만 원), 참가비는 EUR 650(96만 원)입니다. 숙식비와 그리스 현지 교통비는 IOA가 부담하나 그리스 비자 발급비는 자부담입니다. NOC와 NOA가 분리 운영되는 국가의 경우 각 조직 대표 1명씩, 양 조직이 통합 운영되는 경우 NOC당 최대 2명이 참가할 수 있습니다. 올림픽 솔리다리티는 NOC당 1명에 참가비와 항공료(이코노미석) 전액을 지원합니다.

대학원생 올림픽 연구 국제 세미나

'대학원생 올림픽 연구 국제 세미나(International Seminar on Olympic Studies for Postgraduate Students)'는 스포츠 분야 석사과정 및 박사과정 학생을 대상으로 열리는 강연회입니다. 본 세미나는 IOC 올림픽교육위원회(Commission for Olympic Education)와의 협력하에 1993년 이래 매년 개최되고 있습니다.

전체 프로그램은 그리스 현지 도착일과 출발일을 포함해 20일 내외로 구성되고, 아테네 박물관 및 유적지 견학, 세미나, 그룹 토의 및 발표(공통 주제와 자유주제 각 1건), 문화 교류 활동(스포츠, 미술, 음악) 및 야유회 등으로 이뤄집니다. 세미나가 종료된 후에는 강의 자료, 토의 결과물, 각종 활동 내용, 각 참가자의 연구 요약본 등이 수합되어 결과보고서로 출간됩니다. 참가 자격은 만 45세 이하로 제한됩니다. NOC의 추천인 수에는 제한이 없으나, IOA는 아래의 사항을 검토해 다양한 국가에서 최대 20명을 선발합니다.

- 참가신청서 – 인적 사항(이름, 생년월일, 성별, 국적, 전화번호, 주소, 이메일 주소, 모국어), 학력(입학 및 졸업일, 학위명, 학교명, 학교 주소), 경력(강의 경력, 연구 경력, 출간물, NOC/NOA 주관 프로그램에의 참여 경험, 스포츠 분야 근무 경력, 선수 경력, 수상 내역)
- 이력서, 자기소개서, 영어 성적표, 여권 사본, 여권 사진
- 논문 지도교수의 추천서, NOC 추천서
- 진행 중인 올림픽 관련 학술 연구의 요약본(2페이지 이내)
- 세션 수료 이후 추진할 프로젝트의 세부 계획(참가한 IOA 세미나에 대한 소개, NOC와의 협력하에 전개될 올림피즘 관련 프로젝트 개발, 실행 및 전파 등)

모든 비용은 자부담이고 장학금은 없습니다. 등록비는 EUR 150(22만 원), 참가비는 EUR 1,350(200만 원)입니다. 참가비에는 숙박, 식사, 견학, 그리스 현지 교통 비용 등 프로그램 기간 내 필수 사항에 대한 비용이 포함되어 있습니다.

체육고등연구소 교육자 국제 세션

'체육고등연구소 교육자 국제 세션(International Session for Educators of Higher Institutes of Physical Education)'은 대학 교수 및 스포츠 연구소 연구원 등 체육 분야 학자들을 대상으로 열리는 강연회입니다. 1978년 시작되었고, IOC 올림픽교육위원회(Commission for Olympic Education)와의 협력하에 운영됩니다. 현재는 개별 운영되던 아래의 세션들과 통합된 형태로 진행됩니다.

- 교육자 국제 세션(International Session for Educationists)
- 체육고등연구소 디렉터 및 책임자 국제 세션(International Sessions for Directors and Responsibles of Higher Institutions of Physical Education)
- 체육고등연구소 교육자 및 직원 연합 국제 세션(Joint International Sessions for Educators and Staff of Higher Institutes of Physical Education)

본 세션은 그리스 현지 입국일과 출국일을 포함해 7일 내외로 구성됩니다. 강사의 일방적 강의보다 참가자들이 주체적으로 참여하는 발표, 토론, 교류 활동 등의 활동이 더 많다는 점이 특징입니다. 참가자는 정해진 순서에 따라 당해 세션의 주제에 연관된 본인의 연구와 체육교육 관련 경험을 발표합니다. 발표 내용에 관한 요약본은 참가 신청 시에 미리 제출되어야 합니다.

각 NOC는 최대 3명(교육자 2명, 기관 대표 직원 1명)까지 추천할 수 있으며 전체 인원은 최대 50명으로 구성됩니다. 영어와 프랑스어로 진행되고 양 언어 간 동시통역이 상시 지원됩니다. 등록비는 EUR 150(22만 원), 참가비는 EUR 730(108만 원)이고, 현지 교통비와 숙식비는 IOA가 부담합니다. 별도 장학금은 없습니다.

올림픽 메달리스트 및 올림피언 국제 세션

'올림픽 메달리스트 및 올림피언 국제 세션(International Session for Olympic Medallists or Olympians)'은 올림픽에 참가한 경험이 있는 선수, 즉 '올림피언'들을 대상으로 열리는 강연회입니다. 본 세션은 은퇴한 선수들이 각 국가 내에서 올림픽의 가치와 정신을 전파하는 '올림픽 대사'로 활동하고 학생 선수들을 위해 '듀얼 커리어 롤 모델(Dual Career Role Model)'로 공헌할 수 있도록 교육하는 것을 목표로 합니다. 참가자 선발부터 교육, 그리고 수료생 관리까지의 전체 과정은 다음 조직들과의 협력으로 진행됩니다.

- IOC 선수위원회(Athletes' Commission)
- IOC 올림픽 교육위원회(Commission for Olympic Education)
- IOC 문화 및 올림픽 유산위원회(Culture and Olympic Heritage Commission)
- IOC 올림픽 스터디 센터(Olympic Studies Centre)
- 세계 올림피언 연맹(World Olympians Association)

제1회(2007년)부터 제3회까지는 '올림픽 메달리스트 국제 세션(International Session for Olympic Medallists)' 명칭으로 운영되며 올림픽 메달 획득자들에게만 참가 자격이 주어졌습니다. 제4회(2018년)부터는 세션명이 현재의 이름으로 바뀌었고 올림픽 참가 경험이 있는 자 전체로 교육 대상이 넓어졌습니다. 프로그램은 그리스 현지 도착일과 출발일을 포함해 7일 내외로 구성되고, 강의, 그룹 토론 및 발표, 유적지 견학, 참가자의 올림픽 경험담 발표 등의 내용으로 편성됩니다.

스포츠 언론인 국제 세션

'스포츠 언론인 국제 세션(International Seminar for Sports Journalists)'은 1986년 이래 스포츠 분야 언론인들을 대상으로 열리는 강연회입니다. 이는 IOC 문화및올림픽유산위원회(Culture and Olympic Heritage Commission) 및 세계체육기자연맹(International Sports Press Association)과의 협력으로 운영되며, 올림픽 미디어의 역할, 윤리, 기술 및 장비 관련 등 올림픽과 미디어의 공통분모에 해당하는 이슈들을 주제로 다룹니다. 프로그램은 7일 내외로 운영되고 강의, 그룹 토의, 전체 토론, 참가자의 발제(기자로서의 경험 및 소주제 발표) 등으로 구성됩니다.

❸ IOA 연계 교육과정

IOA는 파트너 조직이 주관하는 프로그램에 협력기관으로 참여하는 방식으로 'IOA 연계 교육'을 운영합니다. 여기에는 단순 시설 대여, 강사 파견, 자문 제공 등의 협력도 포함됩니다. 파트너 조직에는 국가별 NOC 및 NOA, 종목별 국제연맹, 국제 스포츠 기구, 정부/비정부 기구, 대학교, 각종 교육 관련 연구소 등이 모두 포함될 수 있습니다. 각 프로그램은 고유한 특성을 가지나, 모두 '올림피즘 전개를 통한 더 나은 세상 만들기'를 최종 목표로 지향합니다. 'IOA 연계 교육과정'으로는 심포지엄, 콘퍼런스, 세미나, 유적지 탐방 등 다양한 형태의 연수회가 있습니다. 대표적 연계 프로그램의 예는 다음과 같습니다.

- 스포츠, 사회, 문화 분야 학자 대상 국제심포지엄(International Scholars' Symposium on Sports, Society&Culture)
- 조지타운대학교 올림피즘 이행 자격증 과정(Georgetown University Olympism in Action Certificate Program)
- IOA 프로그램 참가자 연합회 세션(International Olympic Academy Participants Association Session)
- 이매진 피스 청소년 캠프(IMAGINE PEACE Juniors Camp)
- 유네스코 세계문화유산 청소년 심포지엄(UNESCO World Cultural Heritage Youth Symposium)
- 세계 올림픽 여름 학교(World Olympic Summer School)

스포츠, 사회, 문화 분야 학자 대상 국제심포지엄

'스포츠, 사회, 문화 분야 학자 대상 국제심포지엄(International Scholars' Symposium on Sports, Society, & Culture)'은 IOA와 미국 하버드대학교 산하 그리스연구센터(Centre for Hellenic Studies) 2곳(워싱턴센터, 그리스센터)이 협력해 운영하는 강연회입니다. 그리스와 키프로스 지역 내 다음 15개 대학교의 대학원 재학생 또는 졸업생만 참여가 가능합니다. 2012년 이래 매년 개최되며, 각 기수는 최대 40명으로 구성됩니다.

- 테살로니키 아리스토텔레스대학교 (Aristotle University of Thessaloniki)
- 트라키아 데모크리토스대학교 (Democritus University of Thrace)
- 이오니아대학교(Ionian University)
- 아테네대학교(National and Kapodistrian University of Athens)
- 판테이온사회정치대학교(Panteion University of Social and Political Sciences)
- 크리티대학교(University of Crete)
- 이오아니아대학교(University of Ioannina)
- 마케도니아대학교(University of Macedonia)
- 파트라대학교(University of Patras)
- 에게해대학교(University of the Aegean)
- 펠로폰네스대학교(University of the Peloponnese)
- 테살리아대학교(University of Thessaly)
- 키프로스대학교(University of Cyprus)
- 그리스아메리칸칼리지(The American College of Greece)
- 지중해칼리지(Mediterranean College)

프로그램은 4일 내외로 진행되고 강의, 워크숍, 소그룹 토론, 유적지 탐방 및 박물관 견학 등의 내용으로 구성됩니다. 참가비, 현지 교통비, 숙박비, 식사비 등 항공료를 제외한 비용은 일체 IOA에서 지원합니다. 참가 신청은 온라인으로 진행되며, 신청서는 다음 항목으로 구성되어 있습니다.

- 인적사항: 이름, 이메일 주소, 생년월일, 전화번호
- 학력 및 경력: 대학교 및 전공 이름, 학업 현황(석사 또는 박사, 과정 중

또는 졸업), 학점, 입학 및 졸업(예정)년도, 학위명, 과거 본 심포지엄 참가 경험 여부

- 단편 에세이 4개(각 150 단어 미만): 1) 스포츠 관련 경험(생활체육인, 전문선수, 관람객, 연구원 등), 2) 과거 수강했던 고전학 또는 사회과학 관련 과목과 본 심포지엄 주제의 연관성, 3) 본 심포지엄 참여를 통해 기대하는 점, 4) 추가로 전하고 싶은 말, 본 심포지움을 알게 된 경로
- 추천인: 이름, 조직명 및 직위, 이메일 주소(지원자가 참가 신청을 완료하는 동시에 추천인에게 자동으로 이메일이 발송되어 지원자에 대한 의견 기술이 요구됨)
- 자료 업로드: 이력서, 영어 성적표

조지타운대학교 올림피즘 이행 자격증 과정

'조지타운대학교 올림피즘 이행 자격증 과정(Georgetown University Olympism in Action Certificate Program)'은 1993년 이래 IOA와 조지타운대학교 내 2개 센터 – 문화 간 교육 및 개발 센터(Center for Intercultural Education and Development), 인간애를 위한 올림피즘(Olympism for Humanity) – 가 연합해 운영하는 연례 교육 프로그램입니다. 본 과정은 '강의 중심 코스'와 '현장 중심 코스'로 나뉩니다. '강의 중심 코스'는 그리스, 키프로스, 미국, 프랑스, 일본에서 각 7일간 진행됩니다. 그리스의 경우 IOA 시설에서 진행됩니다. '현장 중심 코스'는 30시간 혼합 훈련(강의, 개인지도, 워크숍 등)과 20시간 현장 실무 학습으로 짜여 있습니다. 교육의 대상은 다음 3개 그룹으로 나뉩니다.

- 중고등학생(20세 미만)
- 학자(교수, 교사, 대학원생, 연구원 등)
- 실무자(선수, 지도자, 행정가, 기자, 스포츠 기관 임직원 등)

참가 신청은 별도의 웹페이지를 통해 이루어집니다. 인적 사항(이름, 전화번호, 이메일 주소, 성별, 생년월일, 직업, 소속된 조직의 이름 및 조직 내 직위와 전문 분야), 본 프로그램을 알게 된 경로, 참가 신청 이유, 본인이 생각하는 '올림피즘 이행'의 정의, 장학금 신청 여부 등을 기입하고 이력서를 첨부하면 신청이 완료됩니다.

'강의 중심 코스'의 등록비는 USD 1,500(200만 원)입니다. 참가비는 프로그램이 진행되는 국가마다 다릅니다. 그리스의 경우 숙박, 식사, 견학, 현지 교통 비용을 포함해 USD 700(93만 원)입니다. '현장 중심 코스'의 등록비는 USD 1,500(200만 원)이고 참가비는 없습니다. 일부 참가자에는 다음 6개 파트너 조직에서 제공하는 장학금이 지원됩니다.

- Olympism for Humanity Alliance
- Ecommbx
- Costas Papaellinas Organization
- Charalambides Christies
- Altius Boutique hotel
- Nicosia Municipality

IOA 프로그램 참가자 연합회 세션

'IOA 프로그램 참가자 연합회(International Olympic Academy Participants Association, IOAPA)'는 IOA 주관 프로그램 이수자 및 졸업생 간 네트워킹을 위해 조직된 IOA 동문회입니다. 1989년 'IOA 졸업생 협회(International Olympic Academy Alumni Association)'로 결성돼 활동하다가 1997년 현재의 이름으로 개칭되었습니다. IOAPA는 다음의 기관들과 파트너 협약을 맺고 있습니다.

- 국제올림픽위원회(International Olympic Committee)
- 국제올림픽아카데미(International Olympic Academy)

- 국제피에르드쿠베르텡위원회(International Pierre de Coubertin Committee)
- 국제올림픽사학자협회(International Society of Olympic Historians)
- 캐나다올림픽위원회(Canadian Olympic Committee)

조직은 이사회가 대표합니다. 임기는 2년이며 다음 11명으로 구성됩니다: 회장, 부회장, 사무총장, 재무관, 뉴스레터 담당자, 인터넷 담당자, IOA 연락담당자, 마케팅 담당자, IOAPA 회원 국가별 코디네이터 대표(2명), 연구원.

'IOA 프로그램 참가자 연합회 세션'은 IOAPA가 격년으로 개최하는 학술회의입니다. 7일 내외로 진행되고, 참가자들이 강의, 워크숍, 토론회, 유적지 견학 등을 통해 IOA 프로그램 참여 당시의 기억을 되살려 올림피즘에 대해 다시 생각할 수 있도록 돕는 데에 목적이 있습니다. 참가는 IOAPA 회원만 가능합니다. 회비는 종신회원 EUR 45(6만 원), 생활체육회원 EUR 10(1만 원)입니다. 생활체육회원 가입은 최빈개도국 출신이거나 종신회원 부자격자 임을 증명해야 가능합니다. 세션 등록비는 EUR 100(14만 원)이고 이에는 참가비, 현지 교통비, 다과비가 포함됩니다. 7일간의 식사비는 EUR 100(14만 원)이며, 숙박비는 객실 종류에 따라 달라집니다. 장학금이 필요한 이들은 IOAPA 설립자의 이름을 딴 장학재단 'Hans van Haute Fund'에 지원을 요청할 수 있습니다. 장학생에게는 항공료, 등록비, 숙박비, 식사비가 지원됩니다. 신청자는 장학금 신청서, 추천서(NOA, NOC, 올림픽 스터디 센터, 스포츠 관련 기관 등의 대표), 자국 공항−그리스 아테네 공항 간 왕복 여정 설명서를 제출해야 합니다.

이매진 피스 청소년 캠프

'이매진 피스 청소년 캠프(IMAGINE PEACE Juniors Camp)'는 국제올림픽휴전센터(International Olympic Truce Center)와 스포트캠프(SPORTCAMP)가 연합해 매년 IOA에서 개최하는 '차세대 국제 스포츠 리더 양성과정'

입니다. 10~16세 학생들을 대상으로 8일간 열리고, 모든 프로그램(강의, 토론회, 워크숍, 올림피언 강연, 유적지 탐방, 문화 교류 활동, 스포츠 체험, 레크리에이션 등)은 5대 주제(올림픽 휴전의 의의와 이상, 다양성 존중, 리더십 기술, 우정, 고대 그리스 스포츠)를 중심으로 구성됩니다. 참가 패키지는 숙식을 포함해 EUR 1,450(210만 원)입니다.

주최기관인 '국제올림픽휴전센터'는 2000년 IOC와 그리스 정부가 공동으로 설립한 기구입니다. 스위스 로잔에 등록되어 있으며 본부는 그리스 아테네에 위치해 있습니다. 본 센터는 전 세계가 올림픽 휴전의 의미를 인지하고 분쟁을 평화적으로 해결하도록 노력하며 올림픽이 열리는 기간 동안 대화를 통해 적대심을 완화하도록 돕는 것을 목적으로 합니다.

'스포트캠프'는 1978년 그리스 루트라키(Loutraki) 지역에 설립된 사설 청소년 스포츠 트레이닝 센터입니다. 자국 내 청소년을 대상으로 개최한 여름 스포츠 캠프로 시작하여 현재는 스포츠 투어, 다국적 캠프, 세미나, 워크숍, 트레이닝, 경기대회 등을 주최하거나 이의 운영을 주관하는 업체로 성장하였습니다. 다양한 스포츠 이벤트가 한 곳에서 이루어질 수 있도록 구비한 실내외 경기장, 훈련장, 체력단련장, 기숙사, 식당, 카페, 회의실, 강의실 등을 단순 대여하는 사업도 병행합니다. 본 업체는 13개 종목(수영, 축구, 농구, 배구, 넷볼, 체조, 댄스, 럭비, 스쿼시, 무도종목, 육상, 워터스키&웨이크보드, 조정)에 특화된 시설들을 보유하고 있는 점이 특징입니다. 프로그램 운영의 전문성 확보를 위해 그리스 정부와 IOA 외에도 다음의 기관들과 협력합니다.

- 서(西)그리스주(州)(Prefecture of Western Greece)
- 그리스올림피언협회(Hellenic Olympic Winners Association)
- 고대올림피아시(市)(Municipality of Ancient Olympia)

유네스코 세계문화유산 청소년 심포지엄

'유네스코 세계문화유산 청소년 심포지엄(UNESCO World Cultural Heritage Youth Symposium)'은 '유네스코 가맹 학교 네트워크(UNESCO Associated Schools Network)' 소속 182개국 12,000여 학교의 학생과 교사를 대상으로 진행되는 문화유산 교류회입니다. 이는 '유네스코 그리스 문화 및 교육 클럽(Hellenic Cultural and Educational Club for UNESCO)'이 조직하고 IOA를 비롯한 다음 기관들이 지원합니다.

- 유네스코 그리스위원회(Hellenic National Commission for UNESCO)
- 유엔 지역 정보 센터(United Nations Regional Information Centre)
- 마케도니아대학교(University of Macedonia-UNESCO Chair in Intercultural Policy for an Active Citizenship and Solidarity)

프로그램은 5일간 진행되며 참가자의 각국 문화유산 소개, 문화 교류 워크숍, 토론회, 유적지 탐방 등으로 구성됩니다. 주제는 스포츠에 국한되지 않고 세계 문화 전반을 자유롭게 포괄합니다. 참가비는 숙식비와 현지 교통비를 포함해 EUR 580(86만 원)입니다.

세계 올림픽 여름 학교

'세계 올림픽 여름 학교(World Olympic Summer School)'는 IOA와 그리스 마케도니아대학교(University of Macedonia)의 후원하에 '유네스코 그리스 문화 및 교육 클럽(Hellenic Cultural and Educational Club for UNESCO)'이 주관하는 올림픽 가치 교육 프로그램입니다. 14세부터 16세의 학생들을 대상으로 운영되며 모든 활동은 4대 주제(교육, 스포츠, 문화, 환경)를 중심으로 구성됩니다. 본 프로그램은 앞서 소개한 '유네스코 세계문화유산 청소년 심포지엄'과 운영 주체가 같아 강의, 레크리에이션, 토론, 유적지 및 박물관 견학 등 다수의 활동 내용이 그와 유사합니다.

프로그램이 진행되는 7일 동안 학생들은 IOA 시설 내에서 휴대전화를 포함한 전자기기를 정해진 시간에만 사용할 수 있다는 점이 특징입니다. 인솔 교사 및 사무직원의 비상 연락망은 항상 열려 있습니다. 참가비는 학생 EUR 1,200(177만 원), 인솔 교사 EUR 1,500(222만 원)입니다. 비용은 참가신청서 제출 후 5일 이내에 납부되어야 합니다.

4장

MEMOS 스포츠조직경영 최고위석사과정_캐나다 (영어 에디션)

MEMOS(스포츠조직경영 최고위석사과정)
- 홈페이지: www.memos.degree
- 이메일: contact@memos.degree
- 전화번호: –
- 주소: (정관상 본부 주소는 스위스 로잔이나 전용 오피스는 없음)

'MEMOS(Master Exécutif en Management des Organisations Sportives, 스포츠조직경영 최고위석사과정)'는 스포츠 조직 실무자의 조직 경영 역량 강화 교육을 목표로 운영되는 대학원 과정입니다. 4개 세션으로 구성된 동일한 프로그램이 3개 언어(영어, 프랑스어, 스페인어) 버전으로 나뉘어 개별 운영됩니다.

1995년 9월, 유럽스포츠과학연구소연합회(European Network of Sport Science Institutes)의 제안, 유럽 5개 국가올림픽위원회(프랑스, 이탈리아, 룩셈부르크, 포르투갈, 스페인)와 12개 대학교의 참여, 유럽올림픽위원회 (European Olympic Committees)와 유럽연합(European Union)의 지지, IOC 올림픽 솔리다리티(Olympic Solidarity)와 유럽연합소크라테스프로그램(European Union Socrates programme)의 후원으로 출범하였습니다.

제1회(1995년)와 제2회는 프랑스어와 영어 버전(에디션)이 각각 2년 −8개 모듈 과정으로 진행되었습니다. 본 프로그램의 설립 목적이 유럽 내 스포츠 매니저들의 재교육과 네트워킹에 있어 초기에는 강사와 학생이 모두 유럽인들로 구성되었습니다. 제3회부터는 커리큘럼의 틀이 1년

－4개 모듈 과정으로 변경되었습니다. 제3회부터 제5회까지는 스위스 로잔에서 영어 에디션이 진행되었고 비(非)유럽인들의 참가가 부분적으로 허용됐습니다. 운영위원회(Steering Committee)가 MEMOS의 세계화를 선언한 2002년 이후 제6회(2003년)부터 제1모듈과 제4모듈은 스위스 로잔에서, 중간 2개 모듈은 유럽 안과 밖에서 1번씩 진행되고 있습니다.

영어 에디션은 1995년 MEMOS 개설 이래 매년 운영되고 있습니다. 입학부터 졸업까지 캐나다 오타와대학교(University of Ottawa)가 총괄하고 매회 35명 내외를 선발합니다. 프랑스어 에디션은 2003년 개설되어 매 홀수년에 열립니다. 룩셈부르크 루넥스대학교(LUNEX University)가 관할하고 과정별로 20명 내외를 선발합니다. 스페인어 에디션은 2006년 개설되어 매 짝수년에 열립니다. 전체 운영은 스페인 예이다대학교(Universitat de Lleida)가 관할하고 회차별로 20명 내외를 선발합니다.

에디션별 학위는 관할 대학교의 이름으로 수여됩니다. 세 에디션의 전체 틀과 교과목 등 커리큘럼에 관한 사항은 2012년에 모두 통일되어 그 이후로는 동일한 체계로 운영됩니다. 전체 일정은 다음의 순서로 추진됩니다.

- 4월~6월: 입학신청서 접수
- 7월: 합격자 발표
- 8월: 입학
- 8월~9월: 세션 1
  - 온라인 강의 모듈 1
  - 대면 강의 모듈 1&2(각 3일, 스위스 로잔대학교)
  - 연구프로젝트 모듈 A(2일, 스위스 로잔대학교)
- (다음 해) 1월~2월: 세션 2
  - 온라인 강의 모듈 2
  - 대면 강의 모듈 3(3일, 매년 다른 도시에서 진행)
  - 연구프로젝트 모듈 B(3일, 매년 다른 도시에서 진행)

- 4월~5월: 세션 3
  - 온라인 강의 모듈 3
  - 대면 강의 모듈 4&5(각 3일, 매년 다른 도시에서 진행)
  - 연구프로젝트 모듈 C(1일, 매년 다른 도시에서 진행)
- 9월: 세션 4
  - 연구프로젝트 모듈 D(4일, 스위스 로잔 IOC 본부)
- 9월: 졸업(스위스 로잔 올림픽 박물관)

재학생들은 졸업 후 'MEMOS 인(人)'이라는 뜻으로 '메모시안 (Memosians)'이라 불리고 이들은 '메모스 동문회(MEMOS Alumni Network)'에 자동 편입됩니다. 언어별 에디션에 관계없이 통합 운영되는 본 그룹은 2003년 이래 '메모스 컨벤션(MEMOS Convention)'을 개최해 졸업생들의 정기적인 만남을 주선하고 링크드인(LinkedIn) 내 전용 페이지를 통해 비대면 교류를 지원합니다. 보다 적극적인 활동을 원하는 이들은 '메모스 대사(Memosian Ambassador)'에 자원해 개별 네트워킹 이벤트를 조직할 수 있습니다. 해당 이벤트들은 메모스 사무처와의 협력하에 대부분 대형 종합 대회(Mega Multi-Sports Event) 기간에 진행됩니다.

1 거버넌스

MEMOS 프로그램은 '메모스 협회(MEMOS Association)'가 운영합니다. 이는 전체 경영을 주관하는 운영위원회(Steering Committee), 지원서를 검토하고 합격자를 선정하는 선발위원회(Selection Committee), 그리고 연구프로젝트를 심사하는 평가위원회(Examining Board)로 구성되어 있습니다. 각 위원회는 파트너 국제 스포츠 조직, 협력 대학교, 강사 및 튜터 그룹 등의 대표들로 이루어져 있습니다. 별도의 사무국은 없고, 언어별 에디션의 담당자가 1명씩 배정되어 있습니다.

'파트너 기구'는 국제올림픽위원회(IOC)와 유럽올림픽위원회(EOC)가 중심에 위치하고 국가별 올림픽위원회, 올림픽아카데미, 스포츠연구소 등이 이들에 협력하는 형태로 연결되어 있습니다. '파트너 대학교'는 캐나다 오타와대학교, 룩셈부르크 루넥스대학교, 스페인 예이다대학교를 필두로 아래의 대학교들이 각 언어별 에디션에 조력하는 형태로 짜여 있습니다. 조력 대학교는 모듈별 강의와 연구 주제에 따라 매년 갱신됩니다.

- 스위스 로잔대학교(University of Lausanne)
- 벨기에 루뱅가톨릭대학교(Université catholique de Louvain)
- 벨기에 브뤼셀자유대학교(Université libre de Bruxelles)
- 포르투갈 루조포나대학교(Universidade Lusófona)
- 오스트리아 인스브루크대학교(University of Innsbruck)
- 호주 머독대학교(Murdoch University)
- 호주 로얄멜버른공과대학교(Royal Melbourne Institute of Technology University)
- 영국 맨체스터메트로폴리탄대학교(Manchester Metropolitan University)
- 영국 러프버러대학교(Loughborough University)
- 영국 로햄튼대학교(University of Roehampton)

- 영국 카디프메트로폴리탄대학교(Cardiff Metropolitan University)
- 미국 템플대학교(Temple University)
- 미국 트로이대학교(Troy University)
- 미국 조지워싱턴대학교(George Washington University)
- 산마리노 산마리노대학교(Università degli Studi di San Marino)
- 프랑스 클로드베르나르리옹제1대학교(Claude Bernard University Lyon 1)
- 프랑스 푸아티에대학교(University of Poitiers)
- 룩셈부르크 국립체육대학교(Ecole Nationale de l'Education Physique et des Sports)

❷ 교육 프로그램

MEMOS는 'MEMOS 협회'가 운영하는 유일한 프로그램입니다. 이는 크게 강의와 연구프로젝트로 구성됩니다. 강의는 네트워크 대학교 교수들이 주요 교과목을 담당하고 파트너 기구의 전문가들이 강사로 참여해 보완하는 식으로 운영됩니다. 모든 강의는 실무를 중심으로 이루어지고, 수업의 일부로 현장 체험학습과 학생들의 졸업 후 진로를 위한 네크워킹이 포함됩니다.

개인별 연구프로젝트는 전담 튜터의 1:1 지도하에 1년 내내 수행됩니다. 지도는 대면, 온라인, 이메일, 전화 등 전방위적인 방법으로 이루어집니다. 연구의 주제는 학생 각자가 속한 스포츠 조직의 경영에 관한 내용이어야 하고 IOC가 추구하는 비전에 부합해야 합니다. 학생, 튜터, 그리고 소속 조직, 3자는 연구에 함께 참여해 강의에서 다루어진 내용들이 해당 프로젝트에 적용될 수 있도록 노력해야 합니다. 졸업 이후에는 연구 결과물이 실제 조직의 발전에 어느 정도 기여하였는지가 점검되고, 우수 연구물은 'IOC 올림픽 스터디 센터'에서 운영하는 '세계 올림픽 도서관(Olympic World Library)'에 공유됩니다.

교과과정

MEMOS는 4개 세션으로 구성되어 있습니다. 세션 1, 2, 3은 온라인 강의, 대면 강의, 연구프로젝트 모듈로 이루어져 있고, 세션 4는 연구프로젝트에 집중되어 있습니다.

'온라인 강의 모듈'은 8시간 과정으로 짜여 있습니다. 강의 주요 내용은 각 세션의 개요, 대면 강의에서 다룰 주제에 대한 소개, 대면 수업 전까지 예습해야 하는 자료 안내와 과제 등입니다. 외부 기관의 강의가 정규 온라인 강의에 추가되는 경우에는 학생들은 해당 과정의 수료증도 함께 제출해야 합니다. '대면 강의 모듈'은 현지 도착일과 출발일을 포함해 10일 내외 일정으로 구성됩니다. 오전 9시부터 오후 6시까지 진행되고, 수업 과목은 '스포츠 거버넌스'를 중심으로 편성됩니다. '연구프로젝트 모듈'은 대면 강의가 종료되는 오후 6시 이후에 시작됩니다. 졸업 자격은 세션별 점수와 연구프로젝트 점수로 평가됩니다. 세션별 세부 구성은 다음과 같습니다.

| 세션 1
- 온라인 강의 모듈 1: '세션 1'에 대한 소개
- 대면 강의 모듈 1. 전략적 경영과 거버넌스: 올림픽 스포츠 기구 거버넌스, 전략적 경영의 방법 및 원칙, 위기관리, 올림픽 스포츠 기구 내 가치와 윤리, 올림픽 스포츠 기구 내 의사 결정 과정 및 사업 추진 절차
- 대면 강의 모듈 2. 인적자원관리 및 리더십: 리더십과 의사결정, 인력 관리(직원 및 자원봉사자, 갈등 관리), 조직 운영(채용, 교육, 개발, 성과 관리), 다양성의 가치, 경영 방법 선진화
- 연구프로젝트 모듈 A: 오타와대학교 'Brightspace' 플랫폼 이용 방법 숙지(강의, 회의, 과제 제출 등을 위한 온라인 소통 창구), 목차 구성, 연구의 필요성 정립, 연구 목적 및 질문 개발, 연구 윤리 인지

| 세션 2
- 온라인 강의 모듈 2: '세션 2'에 대한 소개
- 대면 강의 모듈 3. 올림픽 스포츠 기구 마케팅: 올림픽 스포츠 기구의 마케팅 현황, 올림픽 스포츠 기구의 가치 창출, 스포츠 기구 브랜드 관리(창조, 개발, 경영), 스폰서십 경영, 스포츠를 통한 삶의 질 향상
- 연구프로젝트 모듈 B: 본인의 연구 주제에 관한 선행 연구 이해, 본인의 연구 주제에 대한 타 조직의 관점 이해, 자료 수집 방법 계획

| 세션 3
- 온라인 강의 모듈 3: '세션 3'에 대한 소개

- 대면 강의 모듈 4. 재무관리: 스포츠 기구의 재무관리 이해, 재무제표 이해 능력 개발, 재무분석 기본 방법 이해(손익계산서, 대차 대조표, 예산 관리)
- 대면 강의 모듈 5. 프로젝트와 이벤트 경영: 프로젝트 경영 체계, 입찰 절차, 조직위원회 운영(기획, 마케팅, 재정), 스포츠 이벤트 조직(운영, 법적 측면 이해), 이벤트 사후 관리(평가, 레거시)
- 연구프로젝트 모듈 C: 데이터 해석 및 분석, 주장에 대한 근거 제시

| 세션 4
- 연구프로젝트 모듈 D: 결과 발표(심사위원, 재학생, 튜터, 파트너 조직 대표 등 대상)

입학전형

MEMOS의 입학은 개인 전형과 국가올림픽위원회(NOC) 추천 전형으로 구분됩니다. 두 전형의 기본요건, 구비서류, 심사 절차 등 입학 지원에 관한 사항은 모두 동일합니다. 단, 개인 전형은 장학금 혜택이 없습니다.

지원자는 NOC 또는 스포츠 기관에 소속되어 있어야 하고, MEMOS 선발위원회가 인정하는 전문적 경력이 있어야 합니다. 본 과정은 학사학위가 있어야 지원이 가능하고, 박사학위 보유자는 지원이 불가합니다. 구비서류는 지원서, 이력서, 자국 NOC 또는 지원자가 소속된 스포츠 기관의 추천서, 연구프로젝트 계획서, 여권 사본, 여권 사진, 그리고 NOC가 직접 '올림픽 솔리다리티' 온라인 페이지를 통해 장학금을 신청한 후 발급받은 확인서입니다. 지원서에는 이름, 이메일, 전화번호, 성별, 생년월일, 출생지, 국적, 언어 능력, 주소, 재직 중인 스포츠 기관명 및 조직 내 직위, 학력, 자격증 및 이수증, 프로그램 참여 목적 등이 기입되어야 하고, 연구프로젝트 계획서에는 연구 가제목, 소속된 조직이 직면한 경영적 이슈, 연구 질문, 연구 주제 선택 배경, 자료 수집 방법,

예상 결과 등의 내용이 포함되어야 합니다. 신청서 접수는 해당 기간에만 열리는 별도 온라인 페이지를 통해 진행되고, 합격자는 학력 및 경력 평가, 전화 인터뷰, 연구프로젝트 제안서 심사의 과정을 거쳐 선발됩니다.

대부분의 학생은 자국 NOC의 추천과 올림픽 솔리다리티의 장학금을 지원받아 입학합니다. 학생-NOC-올림픽 솔리다리티 3자 간 체결한 합의에 따라 장학생은 NOC에 정기적으로 학업 활동을 보고해야 하고, NOC는 장학생이 수행한 연구프로젝트가 조직의 발전에 실제적으로 기여한 바를 올림픽 솔리다리티에 보고해야 합니다.

장학금은 학비와 생활비로 구성되어 있습니다. 학비 EUR 6,100(900만 원)은 올림픽 솔리다리티에서 MEMOS로 바로 납부되고 생활비는 NOC를 통해 학생에 전달됩니다. 생활비에는 항공료(이코노미석 기준), 현지 교통비, 숙박비, 식비 등이 포함됩니다. 이외의 필요 비용은 NOC가 지원하도록 권고됩니다. 그러나 NOC의 재정 여건이 마땅치 않을 경우 올림픽 솔리다리티는 자체 운영 중인 타 프로그램을 연계해 추가 지원을 제공하기도 합니다. 숙소는 학생들이 각자 찾아야 하나 적절한 곳을 찾을 때까지 관련 정보는 계속 안내됩니다.

5장 RIOU 러시아 국제 올림픽 대학교 _러시아

RIOU(러시아 국제 올림픽 대학교)
- 홈페이지: www.olympicuniversity.ru/en
- 이메일: info@olympicuniversity.ru
- 전화번호: 007 862 262 9720
- 주소: 11 Ordzhonikidze Street, Sochi, 354000, Russia

RIOU(Russian International Olympic University, 러시아 국제 올림픽 대학교)는 2014 소치동계올림픽을 계기로 2009년 10월 러시아 소치에 설립된 스포츠 경영학 및 행정학 전문 교육기관입니다. 본 대학교는 올림픽 및 스포츠 교육만을 특화해 스포츠 일선 전문가를 양성하고 그들이 각자의 나라에서 차세대 스포츠 리더로 활동할 수 있도록 지원하는 것을 목표로 합니다.

RIOU는 석사과정과 비학위 단기 교육과정을 운영합니다. 석사과정은 '스포츠 MBA'를 표방하며 2013년 9월 개설되었습니다. 이는 2019년 'SportBusiness International'이 수행한 평가에서 세계 10위이자 유럽 2위 '스포츠 경영 석사과정'으로 선정된 바 있습니다. 비학위 단기 교육과정은 2010년부터 2014년까지 소치동계올림픽 조직위원회 임직원, 러시아 지역별 스포츠 담당 공무원, 스포츠 조직 임직원 등을 대상으로 진행됐습니다. 이들 비학위과정은 올림픽 폐막과 함께 대부분 종료되었고, 현재는 러시아올림픽위원회에서 주관하는 자국 내 프로그램만 일부 남아 있습니다.

RIOU 캠퍼스는 2014 소치동계올림픽의 대표적 유산으로, 스포츠 교육에 최적화된 형태를 지향하며 디자인되었습니다. 강의동과 기숙사동이 나란히 위치해 있고 식당, 체력단련장, 도서관 등의 부대시설도 학생선수들의 동선을 고려해 설계되었습니다. RIOU 도서관은 '소치동계올림픽 레거시 공식 관리 기관'으로, 2011년 이래 스포츠 잡지 'RIOU Herald'를 연 4회 발행하고 있으며 올림픽 관련 각종 정보를 축적 및 공유합니다.

　　RIOU 동문회는 모든 교수진과 졸업생의 네트워크 유지 및 발전을 위해 노력합니다. 또한, 졸업생의 취업 지원을 위해 '글로벌 스포츠 잡스(www.globalsportsjobs.com)'와 연계해 기업의 채용정보를 졸업생에게, 졸업생의 이력서를 기업 인사담당자에게 적극적으로 전달합니다.

❶ 거버넌스

　RIOU는 러시아 스포츠부(Ministry of Sport)와 러시아올림픽위원회의 주도, 국제올림픽위원회(IOC)와 2014 소치동계올림픽 조직위원회의 협력, 민간투자회사 'INTERROS'의 재정지원으로 설립되었습니다. 이후 국제장애인올림픽위원회(IPC)를 비롯한 국제대학스포츠연맹(FISU), 국가올림픽위원회(NOCs), 종목별국제연맹(IFs), 스포츠 기구, 기업, 대학교, 연구소 등의 37개 기관과 파트너십을 맺으며 외연을 확장했습니다. 2013년, 추가 운영비 확보를 위해 펀드(RIOU Endowment Fund)가 조성되었고, 이에 '블라디미르 포타닌 재단'과 '러시아 올림피언 재단'이 장학금 출연 기관으로 참여하였습니다.

　본 조직은 아래 명시된 5개 그룹이 이끌어 갑니다. 이사회는 16명으로 구성되어 있고, 이사장은 설립부터 현재까지 러시아 블라디미르 푸틴 대통령이 맡고 있습니다. 입학위원회는 지원서 평가, 온라인 면접 시행, 합격자 선발, 교과과정 구성, 강사 관리, 시험, 학생 평가 등 학업에 관한 전반적인 사항을 관할합니다. 위원장은 학장이 맡습니다.

- 이사회(Board of Trustees)
- 입학위원회(Admission Committee)
- 자문위원회(Supervisory Council)
- 전문가위원회(Expert Council)
- 논문 심사위원회(Examination Board)

2 교육 프로그램

RIOU 교육 프로그램은 비학위과정과 석사과정으로 구성되어 있습니다. 비학위 교육과정은 2014 소치동계올림픽 이후 러시아올림픽위원회의 자국민 대상 활동으로 사업 범위가 대폭 축소되었습니다. 이에 반해 석사학위 과정은 다음의 3개 형태로 확대되었습니다. 모두 1년 과정이며 1개 코스는 영어로, 2개 코스는 러시아어로 진행됩니다. RIOU의 간판 프로그램은 영어로 진행되는 '스포츠 행정학 석사과정－국제(이하 RIOU 마스터)'입니다.

- 스포츠 행정학 석사과정-국제(Master of Sport Administration-International)
- 스포츠 행정학 석사과정-러시아(Master of Sport Administration-Russia)
- 스포츠 경영학 석사과정-러시아(Master of Sport Management-Russia)

RIOU 마스터

'RIOU 마스터'는 스포츠 기관 종사자 또는 스포츠 관련 직무를 담당하는 일반 조직 실무자 등을 국제 스포츠 행정에 능통한 스포츠 리더로 양성하는 것을 목표로 합니다. 본 프로그램은 세계적 석학 및 일선 전문가들로 구성된 교수진과 다양한 국적의 학생들이 스포츠 교육을 통해 함께 어우러지는 점을 자체 특징으로 꼽습니다. 전체 학사의 운영은 다음의 절차로 진행됩니다.

- 7월: 입학지원서 제출
- 8월: 합격자 및 장학금 수혜자 발표
- 9월~12월: 입학, 1학기
- (다음 해) 1월~3월: 2학기
- 4월~6월: 3학기
- 6월: 논문 발표, 졸업

교육은 총 3개 학기로 나눠져 39주간 진행됩니다. 1학기와 2학기에는 강의, 특별 세미나, 워크숍, 그룹 토론, 사례 연구, 과제 등이 일반적 대학 수업 형태로 진행되고 3학기는 학위논문 작성 기간으로 할애됩니다. 전체 커리큘럼은 7개 모듈, 26과목, 60학점, 1,920시간 수업으로 구성되고 강의는 월요일부터 토요일까지 주6일, 오전 9시부터 오후 6시30분까지 강도 높게 운영됩니다. 각 수업은 '45분 수업－15분 휴식－45분 수업' 형태로 진행됩니다. 모든 학생에는 전담 행정직원이 배치되어 입학부터 졸업까지 학업 진행에 관한 밀착 도움이 제공됩니다. 교과는 다음과 같이 구성되어 있습니다.

| 모듈 1. 현대 스포츠 경제학
- 스포츠 경제학 소개(2학점)
- 수익 창출(2학점)
- 스포츠 관광 경제학(2학점)
- 스포츠 이벤트 및 시설 경영(2학점)

| 모듈 2. 현대 스포츠의 거버넌스 및 정치
- 현대 스포츠 거버넌스(2학점)
- 스포츠 정책 분석(2학점)
- 스포츠 기구 거버넌스(1학점)
- 스포츠 외교 및 정치(1학점)
- 올림픽 철학 및 스포츠 이념(1학점)
- 스포츠 경영 윤리(1학점)

| 모듈 3. 스포츠 경영 연구 방법
- 학문적 글쓰기(1학점)
- 연구 체계(1학점)

- 연구 계획서(2학점)
- 연구 방법(2학점)
- 문헌조사 및 논문 작성(2학점)

| 모듈 4. 스포츠 비즈니스
- 스포츠 개발 및 경영의 개념(2학점)
- 스포츠와 지속가능한 개발(2학점)
- 스포츠 리더십과 인적자원 관리(2학점)
- 스포츠 비즈니스에서의 혁신과 디지털 기술(1학점)
- 스포츠 비즈니스와 뉴미디어 기술(1학점)

| 모듈 5. 디지털 시대 스포츠의 마케팅과 커뮤니케이션
- 전략적 마케팅(2학점)
- 브랜딩과 커뮤니케이션(2학점)
- 국제 커뮤니케이션과 대중 연설(2학점)
- 프로 스포츠의 팬 문화(2학점)

| 모듈 6. 스포츠 기관 인턴십 경영
- 스포츠 기관 운영(4학점)
- 인턴십 소개(학점 없음)

| 모듈 7. 학위논문
- 집필 및 발표(16학점)

　　국제대회, 특히 국제대학스포츠연맹(FISU)이 주최한 대회에 참가한 경력이 있는 선수는 '우선 입학 대상자'로 고려됩니다. 입학 신청자는 지원서, 자기소개서, 학사 졸업증명서 및 성적증명서, 영어성적증명서

(유럽연합 공통언어 표준등급 C1 레벨 이상), 대회 참가 증명서, 추천서, 여권 사본, 기타 사회활동 증빙 서류 등을 제출해야 합니다. 영문 서류 제출이 원칙이나 원본이 영문이 아닌 경우 공중된 영문 번역본을 첨부하면 제출로 인정됩니다. 지원서에는 이름(결혼 등의 이유로 이름이 바뀐 경우 이전 이름 함께 기입), 국적(복수 국적자인 경우 모두 표기), 성별, 생년월일, 이메일, 전화번호, 태어난 곳(국가, 도시), 주소(국가, 도시) 및 우편번호, 여권 정보, 비자 신청 및 수령지(국가, 도시), 소속된 조직의 정보(이름, 주소, 전화번호, 이메일, 본인의 직위), RIOU를 알게 된 경로, 모국어, 영어 실력, 학위 및 학교명, 수료 프로그램 및 기관명, 근무 경력 및 자원봉사 경험(조직명, 담당 업무 및 직위, 기간), 수상 내역, 기타 활동 사항(스포츠 클럽 등), RIOU 모듈 중 가장 관심 있는 주제, 내가 생각하는 타인이 보는 나에 대한 평가(서술), 10년 후의 나의 모습 예상(서술) 등의 내용을 기입해야 합니다.

등록금은 USD 11,400(1,520만 원)입니다. 기숙사비는 더블룸, 1인, 1일 기준 RUB 1,930(3만 원)입니다. 각 고지서는 합격증과 함께 발송됩니다. RIOU는 2013년 설립 이래 매년 최대 20명에게 장학금을 지원하고 있습니다. 장학생에는 등록금과 기숙사비가 면제되고 생활비 매월 RUB 10,000(14만 원)이 지원됩니다. 학생 자부담 항목은 항공료, 의료보험 RUB 17,000(24만 원), 러시아학위인증료 RUB 11,000(15만 원)입니다. 등록금 완납과 동시에 비자 발급 지원을 시작으로 입학 절차가 개시됩니다.

6장

TIAS 쓰쿠바 국제 스포츠
아카데미_일본

TIAS(쓰쿠바 국제 스포츠 아카데미)
- 홈페이지: tias.tsukuba.ac.jp/tias2
- 이메일: tias-admin@un.tsukuba.ac.jp
- 전화번호: 0081 (0)29 853 2947
- 주소: 401, GSI Building, 1-1-1 Tennodai, Tsukuba, Ibaraki
  305-8574, Master's Program in Sport and Olympic Studies,
  University of Tsukuba, Japan

2020 도쿄올림픽 유치위원회 대표단은 2013년 9월, 아르헨티나 부에노스아이레스에서 열린 IOC 총회에서 올림픽 유치를 호소하며 국제사회에 스포츠를 통한 공헌을 약속했습니다. 도쿄가 개최지로 선정되자 일본 정부는 공약의 이행을 위해 2014년 8월부터 2022년 3월까지 'Sport for Tomorrow' 프로젝트를 가동했습니다. 2020년까지의 운영이 원래 계획이었으나 코로나 사태로 인해 올림픽 개최가 1년 연기되면서 본 프로젝트의 운영 기간도 연장되었습니다.

100개국 1천만 명을 지원하겠다는 목표를 달성한 본 대형 프로젝트는 일본 교육문화스포츠과학기술부(Ministry of Education, Culture, Sports, Science and Technology)를 중심으로 모인 424개 공공·민간 조직들의 컨소시움을 통해 실행되었습니다. 일본 정부는 공헌 영역을 다음 3개로 명시하고, 모든 활동과 예산집행을 이를 중심으로 구조화하였습니다.

- 스포츠를 통한 국제 협력 및 교류(International Cooperation and Exchange through Sport)
- 도핑 방지 활동의 국제적 전파(Global Development of Anti- Doping Movement)
- 미래 스포츠 리더 양성 아카데미(Academy for Tomorrow's Leaders in Sport)

TIAS(Tsukuba International Academy for Sport Studies, 쓰쿠바 국제 스포츠 아카데미)는 'Sport for Tomorrow' 프로젝트의 세 번째 공헌 영역인 '미래 스포츠 리더 양성 아카데미'의 실행 프로그램입니다. 프로젝트 종료 후, 일본 정부는 본 '국제 스포츠 인재 양성 과정'을 2020 도쿄올림픽의 가장 성공적인 레거시 중 하나로 평가하였습니다.

1 거버넌스

TIAS는 2015년 10월, 쓰쿠바대학교 체육건강스포츠과학대학 종합인문과학대학원의 석사과정 중 하나로 개설되었습니다. 교과 운영 등 본 프로그램에 특정된 사항은 학과 내 'TIAS 스포츠 및 올림픽 연구 위원회(Committee of Sport and Olympic Studies)'가 관할하였고, 캠퍼스 생활 등 일반적인 사항은 쓰쿠바대학교가 지원하였으며, 예산 운영 등 전체적 사항은 'Sport for Tomorrow 컨소시움'이 관리하였습니다. 파트너 조직으로는 스위스 AISTS, 일본체육대학교(Nippon Sport Science University), 일본국립스포츠연구소(National Institute of Fitness and Sports in Kanoya)가 참여하였습니다.

TIAS는 2021년 3월 종료되었습니다. 그러나 2014년 이래 많은 예산과 노력을 들이며 구축해낸 일본의 스포츠 인맥과 아카데믹 레거시를 유지하기 위해 쓰쿠바대학교가 다시 앞장서 2020년 10월 'TIAS 2.0'을 재조직하였습니다. 두 과정은 자연스러운 연결을 위해 한 학기가 겹치게 운영되었습니다. 'TIAS 2.0'은 다음의 갈래를 따라 위치해 있습니다: 1) 쓰쿠바대학교(University of Tsukuba) 건강및스포츠과학대학 ⊃ 2) 종합인문과학대학원과정 ⊃ 3) 예술스포츠복합학전공 ⊃ 4) 스포츠및올림픽연구(TIAS 2.0).

쓰쿠바대학교 내 TIAS 전공 위치

1) 쓰쿠바대학교 내 11개 단과대학
   - Faculty of Humanities and Social Sciences
   - Faculty of Business Sciences
   - Faculty of Pure and Applied Sciences
   - Faculty of Engineering, Information and Systems
   - Faculty of Life and Environmental Sciences
   - Faculty of Human Sciences
   - Faculty of Art and Design
   - Faculty of Medicine
   - Faculty of Library, Information and Media Science
   - Faculty of Transdisciplinary Research
   - **Faculty of Health and Sport Sciences(건강및스포츠과학대학)**

2) 건강및스포츠과학대학 내 6개 과정
   - School of Health and Physical Education
   - Graduate School of Comprehensive Human Sciences
   - Joint Master's Program in International Development and Peace through Sport
   - Joint Doctoral Program in Advanced Physical Education and Sports for Higher Education
   - International Joint Degree Master's Program in Agro-Biomedical Science in Food and Health
   - **Degree Programs in Comprehensive Human Sciences (종합인문과학대학원과정)**

3) 종합인문과학대학원과정 내 6개 전공
   - Human Sciences
   - Medical and Health Sciences
   - Informatics
   - Human Biology

- Life Science Innovation
- **Art and Sport, Interdisciplinary Sciences(예술스포츠복합학전공)**

4) 예술스포츠복합학전공 내 11개 세부 전공
  - Neuroscience
  - Physical Education, Health and Sport Sciences
  - Art
  - Design
  - Heritage Studies
  - Physical Education, Health and Sport Sciences
  - Human Care Science
  - Public Health
  - Sports Medicine
  - Coaching Science
  - **Sport and Olympic Studies(스포츠및올림픽연구, TIAS 2.0)**

② 교육 프로그램

TIAS의 '교육 프로그램'은 'TIAS 마스터(TIAS Master)'가 유일합니다. TIAS는 본 석사과정 운영에 집중하고자 다른 형태의 교육은 물론 'Sport for Tomorrow' 프로젝트의 취지에 부합하지 않은 다른 활동을 제한했기 때문입니다. 그러나 '아카데믹 외교' 효과의 극대화를 위해 네트워킹을 주목적으로 하는 학술교류 활동은 예외로 두어 외부 기관과의 공동세미나, 초청 및 출장 강의, 파트너 조직과의 합동 컨퍼런스 등은 매년 추진하였습니다.

2.1. TIAS 마스터

'TIAS 마스터'는 쓰쿠바대학교 '스포츠 경영학 석사과정'으로, 일본에서 영어로만 진행된 첫 스포츠 관련 정규 교육과정입니다. 2014년과 2015년에 46개국 71명을 대상으로 시험적 단기 세미나를 진행하였고, 세미나에서의 피드백을 토대로 2015년 10월부터 2021년 3월까지 정식 과정을 운영하였습니다. 입학 안내부터 졸업까지의 전체 일정은 다음과 같이 추진되었습니다.

- 12월: 입학 가이드라인 발표
- (다음 해) 1월~3월: 입학 지원 및 서류 전형 심사
- 4월: 서류 전형 합격자 대상 구두 평가
- 5월: 최종 합격자 발표
- 10월: 입학
- (다음 해) 6월: 관심 연구 분야 인터뷰
- 10월: 연구보고서 주제 제출
- (다음 해) 1월: 연구보고서 제출, 졸업시험
- 3월: 졸업

학생들은 아래의 5개 전공영역 중 한 곳에 소속되었습니다. 졸업에는 30학점 이수(필수과목, 공통과목, 선택과목), 과제 제출, 영문 연구보고서 작성, 인턴십 4주 참여, 졸업시험 통과 등이 요구되었습니다. 매년 공통필수과목으로 '일본 문화 체험'과 '일본 무술(Budo) 수업'이 포함되었고, 교외 활동으로 '올림픽 가치 교육 프로그램(OVEP, Olympic Value Education Programme)'을 접목한 스포츠 시설 투어 프로그램이 진행되었습니다. OVEP은 올림픽 정신 전파를 위해 IOC가 개발한 교육 자료 패키지입니다. 비정기적으로, 일본 내 외국 대사 초청 강의, 재학 중 일본에서 개최되는 국제 스포츠 행사 참여, 종목 협회 지원을 통한 해당 종목 체험 등도 함께 진행되었습니다.

- 전공영역 1. 올림픽 및 장애인올림픽 교육
- 전공영역 2. 스포츠 경영-스포츠 비즈니스, 정책, 거버넌스
- 전공영역 3. 스포츠 과학 및 의학
- 전공영역 4. 강의, 코칭&일본 문화
- 전공영역 5. 개발과 평화를 위한 스포츠

TIAS는 입학 대상을 20명 정원에 일본인은 5명 이하로 규정하고, 모든 외국 학생들에게 입학금 면제, 왕복 항공료 지원, 그리고 전체 교육 기간인 18개월 동안 매달 생활비 **JPY 146,000(136만 원)** 지원 혜택을 제공했습니다. 다음의 98명이 참가했고 최종 95명이 석사학위를 취득했습니다.

- 2014년 1기 12개국 19명(일본인 10명)
- 2015년 2기 14개국 19명(일본인 4명)
- 2016년 3기 16개국 20명(일본인 3명)
- 2017년 4기 18개국 23명(일본인 5명)
- 2018년 5기 15개국 17명(일본인 3명)

2.2. TIAS 연계 교육과정

다음의 2개 단기 교육과정은 'TIAS 마스터'와 연계해 진행되었습니다. 이들 프로그램도 'Sport for Tomorrow' 프로젝트가 마감되면서 'TIAS 마스터(구버전)'와 함께 종료되었습니다.

* 국제 스포츠 아카데미(International Sport Academy)
* 지도자 개발 아카데미(Coach Developer Academy)

국제 스포츠 아카데미

'국제 스포츠 아카데미(International Sport Academy)'는 차세대 글로벌 스포츠 리더 양성과 국제 스포츠 교류를 목표로 운영된 2주 단기 교육 과정입니다. '스포츠 교류'에는 개인 간 네트워킹, 연구기관 간 정보 공유, 개인과 연구기관 간 연구 과제 수행 등이 포함됩니다. 일본국립스포츠연구소(National Institute of Fitness and Sports in Kanoya)의 주관으로 다음의 2개 코스가 진행되었습니다.

* 스포츠 경영 코스(Sport Management Course)
* 스포츠 퍼포먼스 코스(Sport Performance Course)

'스포츠 경영 코스'에서는 '스포츠 이벤트 경영'을 중심으로 스포츠를 통한 지역사회 개발, 지역 스포츠 클럽 활성화, 스포츠 비즈니스 등이 주제로 다루어졌습니다. '스포츠 퍼포먼스 코스'에서는 '의과학적 지원을 통한 선수의 경기력 향상'을 중심 주제로 스포츠 생리학 및 생체역학, 스포츠 기량 측정 방법, 코칭 및 심리적 지원 등에 대한 교육이 이루어졌습니다. 올림픽 철학, 스포츠의 역사, 일본 무예와 문화체험은 두 과정에 공통과목으로 포함되었습니다.

본 아카데미는 2014년부터 2020년까지 봄 세미나와 가을 세미나로 나뉘어 총 10회 진행되었고, 41개국에서 162명의 학생이 참여하였습니다. 또한 'Sport for Tomorrow' 프로젝트 컨소시움 조직으로 참여한 교육기관들과 함께 매년 합동 학술회의를 개최하였습니다.

지도자 개발 아카데미

'지도자 개발 아카데미(Coach Developer Academy)'는 스포츠 지도자 양성과 지도자의 재교육을 목표로 운영된 2주 단기 교육 과정입니다. 다음의 3개 단계로 구성되었고, 정규 교과목 강의와 더불어 '지도자 국제 네트워크 개발' 및 '지도자 교육 프로그램 보급' 등의 활동도 함께 진행되었습니다.

- 기초과정(Essential Program)
- 기본과정(Coach Developer Program)
- 고급과정(Advanced Program)

본 과정은 일본체육대학교(Nippon Sport Science University)의 건강 및스포츠과학대학원(Graduate School of Health and Sport Science)과 체육대학원(Graduate School of Physical Education)이 주관했습니다. 정규 교수진 이외에 기본과정 수료자가 기초과정 강사로, 고급과정 수료자가 기본과정 강사로 참여하기도 했습니다. 2014년부터 2021년까지 매년 진행되었고, 42개국에서 110명이 참여했습니다.

❸ TIAS 2.0 마스터

'TIAS 2.0 마스터'는 이전 버전인 'TIAS 마스터'의 인적 레거시 계승을 위해 쓰쿠바대학교의 대학원 과정 중 일부로 존립하였습니다. 그러나 기존의 상위 기관 및 유관 단체 등과의 공식적 교류가 마무리되고 장학금 및 교부금 등의 재정적 지원 역시 종료되면서 재편된 후속 프로그램은 사실상 새로운 형태로 출범되었습니다.

'TIAS 2.0'은 일본의 일반적 대학원 과정과 동일한 4개 학기, 총 24개월 커리큘럼의 스포츠 분야 석사과정입니다. 교수진은 16명으로 구성되어 있고, 영어로 진행되며, 학생은 매년 최대 8명 선발됩니다. 입학 안내부터 졸업까지의 전체 주요 일정은 다음과 같습니다.

- 4월: 입학 소개서 발행
- 11월: 지원 자격요건 개별 확인
- 12월: 온라인 입학 지원, 서류 제출
- (다음 해) 1월: 온라인 면접
- 2월: 합격자 발표
- 10월: 입학
- (2년 후) 9월: 졸업

온라인 입학신청서

입학 지원은 전용 웹페이지를 통해 진행됩니다. 지원서는 다음의 4개 페이지로 구성되어 있고, 중간 저장이 가능하나 제출 이후에는 수정이 불가합니다.

- 지원자 인적 사항: 이름, 증명사진, 생년월일, 성별, 국적, 직업, 재원 충당 방법, 주소, 전화번호, 이메일, 자기소개, 지인 1명의 인적 사항 (이름, 관계, 주소, 전화번호, 이메일)

- 연구 분야: 희망 전공, 희망 지도 교수, 지원서 제출 지연 허가 필요 여부, 장애로 인한 도우미 필요 여부
- 지원 자격: 학부 졸업일, 16년 이상의 교육 과정 이수 여부, 연구 주제 및 계획(800자 이내), 공인 영어 성적
- 학력 및 경력: 초, 중, 고, 대학교 관련 정보(국가명, 학교명, 학과명, 전공명, 입학 및 졸업 날짜, 졸업증명서, 성적증명서), 연구경력 및 근무경력(기관명, 기관연락처, 직책, 입사일, 퇴사일)

온라인 지원절차는 전형료 납부를 끝으로 완료됩니다. 서류전형인 1차 심사료는 JPY 7,000(6만 원), 면접전형인 2차 심사료는 JPY 23,000(21만 원)입니다. 모두 신용카드로만 지불 가능하며 환불은 불가합니다. 최종 지원은 온라인 지원서 출력본과 지원서에 기입된 내용에 대한 증명서를 입학처로 우편 발송함으로써 마무리됩니다. 입학금은 JPY 282,000 (262만 원), 학비는 학기당 JPY 267,900(248만 원)입니다.

전공영역 및 교과목

'TIAS 2.0'은 아래의 4개 전공으로 나뉘어 있습니다. 이전 버전의 5개 전공영역 중 '개발과 평화를 위한 스포츠'는 제외되었고 나머지는 모두 동일하게 승계되었습니다. 모든 학생들은 본인이 선택한 1개 모듈에 소속됩니다.

- 전공영역 1. 올림픽 및 장애인올림픽 교육
- 전공영역 2. 스포츠 경영-스포츠 비즈니스, 정책, 거버넌스
- 전공영역 3. 스포츠 과학 및 의학
- 전공영역 4. 강의, 코칭 & 일본 문화

필수과목 12학점, 공통과목 8~12학점, 선택과목 4~10학점의 수강 요건에 맞춰 총 30학점 이상 이수 시 수료가 가능하고 석사학위논문과

졸업 필기시험까지 통과하면 졸업이 가능합니다. 모듈 및 세부 학과목은 다음과 같습니다.

| 모듈 1. 올림픽 및 장애인올림픽 교육

- 올림픽 조직 연구(1학점, 필수과목)
- 스포츠와 다양성(1학점, 필수과목)
- 올림픽 및 장애인올림픽 교육(1학점, 필수과목)
- 올림피즘과 레거시(1학점)
- 올림픽 및 장애인올림픽 역사(1학점)
- 올림픽 및 장애인올림픽 교육 전공세미나(4학점)

| 모듈 2. 스포츠 경영-스포츠 비즈니스, 정책, 거버넌스

- 국제 스포츠 이벤트 경영(1학점, 필수과목)
- 올림픽 조직 및 스포츠 법(1학점, 필수과목)
- 스포츠 조직 및 거버넌스(1학점)
- 국제 스포츠 마케팅(1학점)
- 스포츠 경영 전공세미나(4학점)

| 모듈 3. 스포츠 과학 및 의학

- 도핑 방지(1학점, 필수과목)
- 스포츠 과학기술 및 생체역학(1학점)
- 스포츠 의학(1학점)
- 운동 생리학 및 퍼포먼스(1학점)
- 스포츠 과학 및 의학 전공세미나(4학점)

| 모듈 4. 강의, 코칭&일본 문화

- 체육(1학점, 필수과목)
- 일본 문화(1학점, 필수과목)
- 비교문화 커뮤니케이션(1학점, 필수과목)
- 엘리트 스포츠 코칭(1학점)
- 일본 무예(1학점)
- 강의, 코칭 & 일본 문화 전공세미나(4학점)

| 기타 과목

- 연구 프로젝트 기획(2학점, 필수과목)
- 연구 프로젝트(4학점, 공통과목)
- 타전공 석사과정 과목(1학점, 필수과목)
- 인턴십 A, B(각 4학점, 공통과목)

7장

DTM 국제 스포츠 행정가
양성사업단_대한민국

DREAM TOGETHER MASTER
Global Sport Management Graduate Program

DTM(국제 스포츠 행정가 양성사업단)
• 홈페이지: https://dtm.snu.ac.kr
• 이메일: snugsm@snu.ac.kr
• 전화번호: 02 880 2984
• 주소: 서울 관악구 관악로 1 서울대학교 153동 316호
  [08826]

'DTM(Dream Together Master)'은 서울대학교 국제스포츠행정가양성사업단에서 운영하는 스포츠경영학 석사학위과정(Master of Sport Management)입니다. 2013년 출범한 본 스포츠 국제개발협력사업은 개발도상국 스포츠 행정가 및 국제 스포츠 행정가 양성, UN 지속가능발전목표 이행에의 참여, 친한(親韓) 인사 양성을 통한 국제 스포츠 인적 네트워크 구축, 국제 스포츠 협력 강화 및 한국의 국제적 위상 제고 등을 목표로 합니다.

본 프로그램은 2022년 'Quacquarelli Symonds'가 시행한 세계 대학교 평가에서 스포츠 관련 분야 아시아 1위, 전 세계 13위를 기록한 바 있습니다. 연간 사업비는 19억 원 내외이며 위탁 교육 기관인 서울대학교는 이의 10% 상당을 현금 또는 현물로 부담합니다.

DTM은 학술회의 'Dream Together Seoul Forum'도 함께 개최합니다. 매년 열리는 본 행사에는 다양한 국가의 국제 스포츠 인사들이 강사 또는 패널로 참여합니다. 연도별 포럼의 주제는 다음과 같습니다: ▲ 2023년－환경·사회·거버넌스(ESG), 스포츠 가치를 활용한 사회적 책임 이행, ▲2022년－스포츠를 통한 개발의 미래, ▲2021년－스포츠와 새로운 세상을 위한 지속가능발전목표(SDGs), ▲2020년−더 나은 세상을 위한 스포츠, ▲2019년−스포츠 가치와 전파, ▲2018년−평화를 위한 스포츠, ▲2017년−올림픽 레거시와 지속가능성, ▲2016년−스포츠 경영 윤리, ▲2015년−스포츠 기구의 미래 경영 전략, ▲2014년−세계 발전을 위한 스포츠, ▲2013년−변화를 위한 스포츠.

1 거버넌스

DTM은 대한민국 문화체육관광부와 국민체육진흥공단의 지원을 받아 서울대학교에서 운영합니다. 이는 다음의 갈래를 따라 위치해 있습니다: 1) 서울대학교 ⊃ 2) 사범대학 ⊃ 3) 체육교육과 ⊃ 4) 글로벌 스포츠매니지먼트 대학원과정 ⊃ 5) 드림투게더마스터과정(DTM). 내부 거버넌스는 사업단장을 중심으로 자문위원회, 운영위원회, 교과과정개발위원회, 그리고 실무행정을 담당하는 사무처로 이루어져 있습니다.

본 기관은 프로그램의 성공적 운영을 위해 대한체육회, 국가올림픽위원회총연합회(ANOC, 2015년), 국제대학스포츠연맹(FISU, 2015년), 세계태권도연맹(WT, 2013년)과 우선 협력합니다. 이에 더불어, 특정 활동 또는 세부 프로그램 운영을 위해 다음의 조직들과도 부분적으로 협력합니다: 태권도진흥재단(2021년), 베트남 문화체육관광부 체육국(2019년), 에콰도르 체육부(2017년), 카자흐스탄 문화체육부(2017년), UN 스포츠개발평화사무국(UNOSDP, 2015년), 각종 대회 조직위원회(춘천 2024 코리아오픈국제태권도대회, 부산 2020 세계탁구선수권대회, 광주 2019 세계수영선수권대회, 무주 2017 세계태권도선수권대회, 광주 2015 유니버시아드) 등.

서울대학교 내 DTM 전공 위치

1. 서울대학교 15개 단과대학

- 인문대학
- 사회과학대학
- 자연과학대학
- 간호대학
- 경영대학
- 공과대학
- 농업생명과학대학
- 미술대학
- 생활과학대학
- 수의과대학
- 약학대학
- 음악대학
- 의과대학
- 자유전공학부
- **사범대학**

2. 사범대학 내 15개 학과

- 교육학과
- 국어교육과
- 영어교육과
- 독어교육과
- 불어교육과
- 사회교육과
- 역사교육과
- 지리교육과
- 윤리교육과
- 수학교육과
- 물리교육과
- 화학교육과
- 생물교육과
- 지구과학교육과
- **체육교육과**

3. 체육교육과 내 3개 대학원 전공

- 스포츠인문사회
- 스포츠과학
- **글로벌스포츠매니지먼트**

4. 글로벌스포츠매니지먼트 내 2개 세부 전공

- 스포츠매니지먼트 일반과정
- **드림투게더마스터과정(DTM)**

2 교육 프로그램

DTM은 2년간 4개 학기로 운영됩니다. 학기는 매년 9월에 시작하고 모든 강의는 영어로 진행됩니다. 1~3학기는 일반 강의실 수업 형태로 운영되어 학생들은 8월부터 다음 해 12월까지 17개월간 서울대학교 기숙사에 거주하며 수학합니다. '논문 학기'인 4학기에는 거주지에 제약 없이 본인의 연구를 수행할 수 있습니다. 강사진은 서울대학교 교수들을 중심으로, 스포츠 경영 분야 국내외 저명한 학자들로 구성되어 있습니다.

졸업요건은 총 36학점 이수입니다. 교과과정은 아래의 10개 주제 및 30개 모듈(주제별 3개 모듈), 팀 프로젝트 그리고 학위논문으로 구성됩니다. 정규 교과 이외에 특강, 현장 학습, 문화 활동, 자기 개발 프로그램(리더십 및 커뮤니케이션 기술 등)도 함께 진행됩니다. 입학부터 졸업까지 전체 스케줄은 다음과 같습니다.

- 준비 세션(8월): 등록, 기숙사 배정, 오리엔테이션, 캠퍼스 투어, 건강검사, 한국어 수업, 한국 문화 투어
- 가을학기(9월~12월): 12학점 수업, 특강, 스포츠 필드 투어, 리더십 및 커뮤니케이션 기술 훈련
- 논문 워크숍(1~2월): 논문작성, 한국어 수업, 동계 스포츠 체험
- 봄학기(3월~6월): 12학점 수업, 해양 스포츠 체험
- 가을학기(9월~12월): 9학점 수업, 팀 프로젝트, 특강, 스포츠 필드 투어, 리더십 및 커뮤니케이션 기술 훈련
- 봄학기(3월~6월): 논문 작성 및 완성(3학점)
- 졸업(8월): 스포츠경영학 석사학위 수여

DTM 학생으로는 매년 최대 국제 스포츠행정가 6명과 개발도상국 스포츠행정가 25명, 총 31명이 선발됩니다. '국제 스포츠행정가'는 한국인 중에서, '개발도상국 스포츠행정가'는 OECD 개발원조위원회가 선정

한 수원국의 국민 중에서 선발됩니다. 양 전형 모두 스포츠 행정 분야 재직자 또는 경력자(2년 이상), 올림픽 등의 종합 국제대회 또는 종목별 세계선수권대회에 참가 경험이 있는 국가대표 선수(후보 선수 포함), 국제 또는 자국 스포츠 기구의 추천을 받은 자가 우대됩니다.

10개 주제 및 주제별 모듈

1. 스포츠의 이해
- 스포츠 철학과 윤리
- 현대 사회와 스포츠
- 스포츠 역사

2. 스포츠 이벤트 경영
- 스포츠 이벤트 유치 및 레거시 개발
- 스포츠 시설 운영
- 스포츠 이벤트 준비 및 운영

3. 스포츠 조직 및 거버넌스
- 인적 자원 관리
- 스포츠 조직 경영
- 스포츠 조직 거버넌스

4. 스포츠 마케팅과 스폰서십
- 스포츠 스폰서십과 사회적 책임
- 스포츠 마케팅의 전략 기획
- 스포츠 소비자 행동

5. 스포츠 과학과 기술
- 스포츠 운동 과학
- 스포츠와 기술
- 사회적 약자를 위한 스포츠

6. 스포츠 재무 및 경제
- 스포츠 산업
- 스포츠 경제학
- 스포츠 재무

7. 스포츠 미디어와 커뮤니케이션
- 스포츠 홍보
- 스포츠 저널리즘
- 스포츠 미디어

8. 스포츠 법과 중재
- 스포츠 계약 법
- 스포츠 중재
- 스포츠 지식재산 법

9. 스포츠 개발과 협력
- 대한민국 스포츠 정책
- 스포츠 개발과 협력
- 스포츠 및 건강 개발

10. 국제 스포츠 경영
- 올림픽 시스템 및 국제 스포츠 거버넌스
- 스포츠 정책 및 국제 협력
- 스포츠 교섭

‘국제 스포츠 행정가(한국인)’ 입학전형은 4월부터, ‘개발도상국 스포츠 행정가(외국인)’ 입학전형은 3월부터 시작됩니다. 한국인 전형의 경우 ▲4월: 온라인 지원서 접수, 구비 서류 제출, 수험표 교부, 전공 필답고사, 면접 및 구술고사, ▲6월: 합격자 발표, ▲8월: 등록 이와 같은 일정으로 진행됩니다. 입학 지원 시 요구되는 서류는 다음과 같습니다: ▲입학지원서, ▲자기소개서, 수학 및 연구 계획서, ▲추천서 2부(교수 또는 직장 상사), ▲학부 졸업증명서(외국대학 졸업자는 아포스티유 확인서 함께 제출, 전공 무관), ▲성적증명서, ▲영어 성적증명서(토플 iBT 88점 이상, IELTS 6.0 이상, 텝스 551점/개정 텝스 298점 이상), ▲이력서, ▲재직증명서 또는 경력증명서, ▲기타 추가 서류(수상 및 장학생 이력, 영어 외 언어 능력 증명서, 선수확인증, 자격증 등).

DTM은 학생 전원에게 다양한 장학금 기회를 제공합니다. 한국인 학생의 경우 ▲대한체육회 또는 이의 가맹 경기단체, 대한장애인체육회 또는 이의 가맹 경기단체가 국제경기대회에 우리나라의 대표로 파견하기 위하여 선발·확정한 ‘국가대표 및 국가대표 후보 선수 출신’에게는 전액 장학금을, ▲대한체육회 회원종목단체에 선수등록을 필한 대학/실업/프로스포츠 선수 3년 이상 경력자 또는 청소년대표 선수 출신 경력자에게는 반액 장학금을, ▲국내외 비영리 스포츠 조직에서 2년 이상 근무한 경험이 있는 스포츠 행정가에게는 반액 장학금을 지원합니다. 외국인은 모두에게 전액 장학금을 지원합니다. 여기에는 등록금, 항공료, 체재비(생활비), 기숙사비, 교재 구입비, 건강보험료 등이 포함되어 있습니다.

DTM 운영의 주요 목적 중 하나는 ‘국제 스포츠 인적 네트워크 구축 및 개발’입니다. 이에 DTM은 전용 웹사이트 운영, 뉴스레터 발행, 공모전 개최 등을 통한 졸업생 관리에 많은 노력을 기울입니다. 졸업생들을 위한 간판 프로그램은 매년 개최되는 공모전(SNU DTM Contest)입니다. 이는 졸업생들이 DTM에서 얻은 경험과 지식을 바탕으로 자국에서 추진한 활동 및 성과에 대해 소개하는 에세이 부문과 스포츠의 활용을 통한 자국 발전 기획서 부문으로 나뉩니다. 양 부문의 주제는 스포츠 개발 정책/전략 수립, 한국 스포츠 관련 기관과 자국 내 기관의 협력 도모, 활동 개선(시스템, 절차, 성과 관리), 조직 능력 강화 등 스포츠를 통한 개발과 관련되어야 합니다. 부문별 1등에 1백만 원, 2등에 50만 원, 3등에 25만 원의 상금이 지급되고 우수작은 연례 포럼(Dream Together Seoul Forum)에서 발표됩니다.

8장 MAOS 올림픽학석사과정_독일

MAOS(올림픽학석사과정)
- 홈페이지: www.dshs-koeln.de/english/education-career/
  master-of-advanced-studies/ma-olympic-studies
- 이메일: wassong@dshs-koeln.de
- 전화번호: 0049 (0)221 4982 3821
- 주소: German Sport University Cologne – Olympic Studies
  Centre, Am Sportpark Müngersdorf 6, 50933
  Cologne, Germany

　　MAOS는 독일체육대학교(German Sport University Cologne) 올림픽 스터디센터에서 운영하는 올림픽학석사과정(Master of Arts in Olympic Studies)입니다. 본 센터는 'Carl und Liselott Diem Archive'에서 현재의 모습으로 2005년 개편되었고 석사과정 운영과 더불어 연구, 강의, 컨설팅, 각종 정보 및 기록물 관리 등의 기능을 수행합니다.

　　MAOS는 올림피즘 전파, 올림픽 지식 증진, 올림픽 운동의 가치 촉진, 스포츠인들의 재교육 및 독립 연구 역량 개발 등을 목표로 2010년 9월 개설되었습니다. 전체 교육 기간은 2년이고, 프로그램은 6개 강의 모듈과 학위 논문 모듈로 구성되어 있습니다. 학생들이 각자의 본업을 중단하지 않고도 학업이 가능한 '파트 타임 베이스 교육'이라는 점이 특징으로 꼽힙니다. 기수당 최대 30명이 선발되고 전체 과정은 영어로 진행됩니다. 학비는 총 EUR 5,000(740만 원)이고 2회에 나눠 납부 가능합니다. 우리나라에서는 흔히 '쾰른체대 대학원'이라고도 불립니다.

1 거버넌스

MAOS의 거버넌스는 자문위원회(Advisory Board), 이사회(Board), 사무국(Main Operational Management), 졸업생 연합회(Olympic Studies Alumni Circle)로 구성되어 있습니다.

'자문위원회'는 조직 내 최고위 그룹으로서 재정, 조직화, 행정, 학문적 활동, 파트너 기관 관계 등 주요 운영에 관한 사항을 총괄합니다. 위원장은 3년 임기로 이사 중에서 선출됩니다. '이사회'는 IOC 올림픽 스터디센터, 협력 대학교, 후원사 등 본 프로그램에 함께 참여하는 기관의 대표들로 구성됩니다. 의장은 이사 중에서 선출됩니다. '사무국'은 교과 운영 및 행정 등에 관한 실무적 사항을 시행하고 정기 보고를 통해 자문위원회와 소통합니다. 사무처장은 이사회와 사무처에 공동으로 소속됩니다. '졸업생 연합회'는 2016년 설립 이래 소셜미디어를 통해 졸업생들을 연결하고 뉴스레터를 통해 정보를 공유합니다. 'IOC 올림픽 리뷰' 등의 각종 외부 기관 출간물에 졸업생의 활동을 소개하기도 합니다.

본 교육과정은 독일체육대학교와 아래 5개 대학교의 협력으로 운영됩니다. 독일체육대학교는 입학부터 졸업까지 경영에 관한 제반 사항을 관리하고 모듈별 평가에 참여합니다. 협력 대학교는 모듈을 하나씩 담당해 맡은 모듈에 관한 수업 내용, 강의 방법, 강사 구성, 장소, 지도, 평가 등을 자체적으로 준비 및 추진합니다. 전반적 틀은 독일체육대학교에서 제공하지만, 모듈별 자치적 운영 방침에 따라 몇몇 강의가 교외 행사, 스포츠 활동, 타 교육 프로그램, 스포츠 이벤트 등과 연계돼 진행되기도 합니다.

- 덴마크 오르후스대학교(Aarhus University)
- 뉴질랜드 캔터베리대학교(Canterbury University)
- 스페인 바르셀로나자치대학교(Universitat Autònoma de Barcelona)
- 독일 킬크리스티안알브레히트대학교(Christian-Albrechts-Universität zu Kiel)

- 브라질 리오그란데두술가톨릭대학교(Pontifícia Universidade Católica do Rio Grande do Sul)

MAOS는 설립 단계부터 IOC의 자문을 받으며 점진적으로 형태를 갖추었습니다. 2013년부터는 IOC 올림픽 솔리다리티(Olympic Solidarity) 프로그램을 통해 학생들에게 장학금을 지원합니다. 본 장학금은 자체 규정상 각국 올림픽위원회(NOC)를 통해 추천된 자에게만 지급될 수 있어, MAOS는 IOC 올림픽스터디센터와 올림픽솔리다리티를 비롯한 206개 국가올림픽위원회와 광범위한 협력을 이어갑니다.

② 교육 프로그램

　　MAOS는 2년, 4개 학기, 60학점, 6개 강의 모듈 및 학위논문 모듈로 구성되어 있습니다. 각 모듈은 독일체육대학교와 5개 파트너 대학교가 하나씩 맡아 운영합니다. 6개 강의 모듈은 각 7.5학점으로 구성되고, 모듈별 평가 결과는 전체 평점의 12.5%씩 차지합니다. 보통은 일주일씩 진행되며, 프로그램은 크게 개회식 및 환영식(일요일 저녁), 강의 및 수업 외 활동(월요일~금요일), 시험 및 환송회(토요일)로 편성됩니다. 모듈별 진행 시기는 담당 기관의 사정에 따라 한 학기 앞뒤로 변경될 수 있습니다.

| 모듈 1. 윤리, 가치, 올림픽 교육

- 담당 기관: 브라질 리오그란데두술가톨릭대학교
- 1년 차 1학기에 진행, 9월 시작(가을학기)
- 7.5학점, 전체 평점의 12.5% 차지
- 평가 방법: 지필 시험 40%, 에세이 60%

| 모듈 2. 올림픽 선수 및 엘리트 스포츠 선수의 경력 전환

- 담당 기관: 뉴질랜드 캔터베리대학교
- 1년 차 1학기에 진행, 9월 시작(가을학기)
- 7.5학점, 전체 평점의 12.5% 차지
- 평가 방법: 지필 시험 40%, 에세이 60%

| 모듈 3. 올림픽 연구 방법론

- 담당 기관: 독일 킬크리스티안알브레히트대학교
- 1년 차 2학기에 진행, 3월 시작(봄학기)
- 7.5학점, 전체 평점의 12.5% 차지
- 평가 방법: 연구제안서 5개, 20%씩 반영(각 제안서 500~1,000 단어로 작성)

| 모듈 4. 거버넌스, 정책, 올림픽 조직

- 담당 기관: 독일체육대학교
- 1년 차 2학기에 진행, 3월 시작(봄학기)
- 7.5학점, 전체 평점의 12.5% 차지
- 평가 방법: 지필 시험 40%, 에세이 60%

| 모듈 5. 올림픽 대회 – 미디어와 상업화

- 담당 기관: 스페인 바르셀로나자치대학교
- 2년 차 1학기에 진행, 9월 시작(가을학기)
- 7.5학점, 전체 평점의 12.5% 차지
- 평가 방법: 지필 시험 40%, 에세이 60%

| 모듈 6. 국제 관계 및 올림픽 무브먼트

- 담당 기관: 덴마크 오르후스대학교 & 독일체육대학교
- 2년 차 2학기에 진행, 3월 시작(봄학기)
- 7.5학점, 전체 평점의 12.5% 차지
- 평가 방법: 지필 시험 40%, 에세이 60%

| 석사학위 논문 모듈

- 담당 기관: 독일체육대학교
- 2년 차 1, 2학기에 진행
- 15학점(학기별 7.5학점), 전체 평점의 25% 차지
- 평가 방법: 논문 심사(영문 작성)

6개 강의 모듈은 국제스포츠 전반을 고루 다룹니다. <모듈 1. 윤리, 가치, 올림픽 교육>은 올림픽 교육과 올림픽을 통한 교육, 올림픽과 패럴림픽의 가치와 이의 개발 및 전파, 올림피즘의 다면적 측면(윤리

적, 도덕적, 문화적, 사회적), 올림픽 무브먼트에 영향을 주는 현시대의 이슈 등을 다룹니다.

<모듈 2. 올림픽 선수 및 엘리트 스포츠 선수의 경력 전환>은 올림피언의 역할과 책임, 선수의 권익 보호, 은퇴선수의 경력 전환, 올림픽 선수 롤 모델의 영향과 기대, 선수 관계자들의 사회적 책임, 선수와 지도자의 동반자적 관계 등에 대해 살펴봅니다.

<모듈 3. 올림픽 연구 방법론>에서는 사회과학의 철학과 패러다임(존재론과 인식론), 역사철학(묘사적 역사와 목적론적 해석), 문헌조사 제시 방법(서술적 검토, 체계적 검토, 메타 분석, 연구물 조합), 역사 기록학(저자 분석, 출처, 해석, 표현 방식, 편견, 독자), 질적 연구 방법 및 분석(민족지학, 요약, 문헌 분석, 담화 분석, 인터뷰, 생애사, 사례 조사), 양적 연구 방법 및 분석(기술 통계학, 상관 분석, 연구 개관, 회귀 분석, 변량 분석), 사회과학과 인문학에서의 연구 방법 및 철학, 올림픽 연구 도구 및 데이터베이스 활용 등을 가르칩니다.

<모듈 4. 거버넌스, 정책, 올림픽 조직>은 올림픽 운동 거버넌스(시스템적, 조직적, 정치적 관점), 올림픽 네트워크 내외부 관계 기관 및 해당 조직들의 운영 전략, 올림픽 관련 조직들의 굿 거버넌스, 스포츠의 특수성 및 스포츠 관련 기업의 거버넌스 원칙, IOC 아젠다의 영향(내부적 현대화, 외부적 도전, 사회적 변화), IOC 정책 전반(도핑 방지, 지속가능성, 기후 변화, 올림픽 개최지 선정, 올림픽 종목 선정, 종목 연맹 승인, 스포츠 중재재판소의 역할, 올림픽 솔리다리티의 기능, 올림픽 레거시, 성평등, 다양성과 포용성) 등을 다룹니다.

<모듈 5. 올림픽 대회 – 미디어와 상업화>에서는 올림픽 조직과 미디어(관계, 역할, 가치), IOC의 미디어 활용 및 정책(방송, 제작, 마케팅), 올림픽 운동과 뉴미디어(개발, 영향, 올림픽 채널), 스포츠 조직과 스폰서(상업화, 트렌드, IOC 올림픽 파트너 프로그램) 등을 교육합니다.

<모듈 6. 국제 관계 및 올림픽 운동>은 올림픽과 국제 관계, 국제 관계의 이론과 실제(정치적, 사회적, 외교적 측면), 올림픽 환경 내 유

엔의 지속가능발전목표(SDGs) 이행, 우리 사회가 당면한 각종 국제스포츠 이슈(보이콧, 테러리즘, 보안, 소프트 파워, 분단 국가에서의 올림픽 운동 역할, 냉전, 평화 운동, 올림픽 휴전) 등을 폭넓게 다룹니다.

입학전형

지원 기간은 입학 전년도 10월부터 당해 2월까지입니다. 학사학위를 보유하며 영어 성적이 IELTS 6.5 이상 또는 토플 iBT 80점 이상인 스포츠 조직 실무 2년 이상 경력자는 누구나 지원이 가능합니다. 선수 및 은퇴선수, 지도자, 현재 스포츠 조직에 근무 중인 자는 우대됩니다. 입학신청서는 개별로 요청한 지원자에게만 이메일로 발송됩니다. 지원자는 신청서와 이의 첨부서류를 학교에 제출하고, 학교는 심사 결과를 지원서 수령 후 2개월 이내에 각 개인에게 통보합니다. 합격자에게는 입학 허가서, 학생 생활 규칙, 서약서가 전달되고, 합격자가 서약서에 서명해 제출하면 모든 입학 절차는 마무리됩니다. 모든 소통과 증명서는 영문을 기본으로 합니다.

총 졸업학점은 120학점입니다. 60학점은 강의모듈과 학위논문으로 획득되고, 60학점은 입학지원 단계에서 '근로 경력의 학점인정(Accreditation of Prior and Experiential Learning)' 제도에 따라 미리 부여됩니다. 학점인정 가능 경력은 스포츠 조직의 임원(3년 이상), 컨설턴트(1년 이상), 지도자(6개월 이상), 연구원(팀 프로젝트 8개월 이상), 인턴십(4개월 이상), 자원봉사(1년 이상), 강사 교육 이수(1년 과정 이상), 언론인(기고문 3개 이상), 타 석사과정 이수 등입니다.

숙소는 모듈별 책임 대학교가 안내합니다. 쾰른에서 수업이 진행되는 경우에는 학교 기숙사가 선 예약됩니다. 비용은 등록금과 별개이고 학교에서 추천하는 숙소가 아닌 다른 곳에 개별로 머물러도 무방합니다.

독일체육대학교 내 올림픽스터디(Olympic Studies) 전공 위치

1. 독일체육대학교 내 3개 학위과정

• 학사과정
• **석사과정**
• 박사과정

2. 석사과정 내 17개 전공

• Sport and Movement Gerontology
• Sport Tourism and Destination Management
• Sport, Media and Communication Research
• Sport Management
• Performance, Training and Coaching in Elite Sport
• Human Technology in Sports and Medicine
• Rehabilitation, Prevention and Health Management
• Psychology in Sport and Exercise
• International Sport Development and Politics
• Physical Education
• Dance
• Game Analysis
• Sport Physiotherapy
• Sport Law
• Sport, Excercise and Nutrition
• Leadership competencies and management in elite sports
• **Olympic Studies(올림픽스터디)**

9장 MAiSI 스포츠윤리학석사과정_벨기에

MAiSI(스포츠윤리학석사과정)
- 홈페이지: www.maisi-project.eu
- 이메일: international.faber@kuleuven.be
- 전화번호: 0032 (0)16 324 010
- 주소: Oude Markt 13, 3000 Leuven, Belgium

'MAiSI(Master of Arts in Sports Ethics and Integrity)'는 벨기에 뢰번가 톨릭대학교(Katholieke Universiteit Leuven)와 유럽 내 5개 대학교가 '에라 스무스 문두스(Erasmus Mundus)' 프로그램과 연계해 운영하는 스포츠윤 리학석사과정입니다. 스포츠 현업에 종사하는 실무자 또는 경력자를 대 상으로 하며 교과과정은 24개월, 4개 학기와 여름 캠프 2회, 120학점으 로 구성되어 있습니다.

'에라스무스 문두스'는 유럽연합 집행위원회(EC)가 교육 및 연구 기 관 간 교육적 협력을 포괄적으로 이루고자 2004년 설립한 유럽 내 가장 큰 장학 프로그램입니다. 본 기금은 유럽 내 서로 다른 국가의 대학교 들이 연합해 공동으로 운영하는 석사 교육과정에 지원되고, 수혜 학생 의 국적에는 제한을 두지 않습니다. 이는 2024년 현재 219개 프로그램 에 장학금을 지원하고 있습니다.

입학부터 졸업까지 행정에 관한 일반적 사항은 뢰번가톨릭대학교 의 규정에 따르고 학사 이외의 사항은 벨기에 법을 따릅니다. 본 전공 은 다음의 갈래를 따라 위치해 있습니다: 1) 뢰번가톨릭대학교 ⊃ 2) 생 명과학 그룹 ⊃ 3) 움직임 및 재활 과학 대학 ⊃ 4) 스포츠윤리학석사

과정(MAiSI). 뢰번가톨릭대학교는 영국의 로이터 통신사가 선정한 '유럽 내 가장 혁신적인 대학교' 1위(2016년)와 QS 세계대학교 순위 61위(2024년)를 차지한 바 있습니다.

뢰번가톨릭대학교 내 MAiSI 위치

1. 뢰번가톨릭대학교 내 4개 그룹
- Humanities and Social Sciences Group
- Science, Engineering and Technology Group
- Intergroup / Interuniversity Institutes
- **Biomedical Sciences Group(생명과학 그룹)**

2. 생명과학 그룹 내 18개 단과대학
- Faculty of Medicine
- Faculty of Pharmaceutical Sciences
- Dept. of Cardiovascular Sciences
- Dept. of Cellular and Molecular Medicine
- Dept. of Clinical and Experimental Medicine
- Dept. of Human Genetics
- Dept. of Imaging & Pathology
- Dept. of Movement Sciences
- Dept. of Microbiology & Immunology
- Dept. of Neurosciences
- Dept. of Oncology
- Dept. of Oral Health Sciences
- Dept. of Public Health and Primary Care
- Dept. of Pharmaceutical & Pharmacological Sciences
- Dept. of Reproduction, Development & Regeneration
- Dept. of Rehabilitation Sciences
- Doctoral School of Biomedical Sciences
- **Faculty of Movement and Rehabilitation Sciences(움직임및재활과학대학)**

3. 움직임및재활과학대학 내 2개 전공
- Rehabilitation Sciences and Physiotherapy
- **Master of Sports Ethics and Integrity(MAiSI, 스포츠윤리학석사과정)**

1 거버넌스

MAiSI 내부는 3개 위원회와 사무처로 구성되어 있습니다. 여기에 5개 대학교 컨소시엄, 3개 후원기관, 2개 동문회가 공조합니다.

'컨소시엄 경영 위원회(Consortium Management Board)'는 5개 대학교의 대표들로 구성된 최상위 협의체입니다. '평가 위원회(Examination Board)'는 입학 지원자 심사부터 재학생의 생활 평가, 논문 심사, 문제 발생 시 징계 수위 결정까지 평가에 관한 모든 사항을 관할하는 실무그룹입니다. '국제 자문 위원회(International Advisory Board)'는 국제 스포츠 기구에서 활동 중인 다양한 분야의 전문가들로 구성된 조언 기구입니다.

대학교 컨소시엄은 아래의 조직으로 구성되어 있습니다. 2023년까지는 6개 기관이 함께했으나 영국의 유럽연합 탈퇴로 스완지대학교(Swansea University)는 2024년부터 컨소시엄에서 제외되었습니다.

- 벨기에 뢰번가톨릭대학교(Katholieke Universiteit Leuven)
- 체코 카렐대학교(Charles University)
- 독일 요하네스구텐베르크마인츠대학교(Johannes Gutenberg University Mainz)
- 그리스 펠로폰네소스대학교(University of the Peloponnese)
- 스페인 폼페이우파브라대학교(University Pompeu Fabra)

후원기관으로는 유럽연합 집행위원회(EC) 에라스무스문두스, IOC 올림픽 솔리다리티, 그리고 첼시 그룹 계열사 '이니그마 얼라이언스(Enigma Alliance)'가 참여 중입니다. MAiSI는 후원기관(또는 후원자)을 기여 금액에 따라 아래와 같이 3개 카테고리로 나누고 후원 등급에 따른 혜택을 차등 제공합니다. 매년 올림피아에서 열리는 여름 캠프에 초대하고 스폰서 내용을 자체 홈페이지 및 소셜미디어게 게시해 홍보하는 서비스는 공통으로 기본 제공합니다.

- 파트너(EUR 250,000 후원자): 컨설팅 5회, 자문위원직, 항공권, 그리스 3일 투어
- 스폰서(EUR 150,000 후원자): 컨설팅 3회, 자문위원직
- 기부자(EUR 50,000 후원자): 컨설팅 1회

학생들은 입학과 동시에 'MAiSI 동문회'와 '에라스무스문두스 동문회'에 자동 가입됩니다. 양 동문회는 졸업생들에게 인턴십 기회를 소개하고 동문들의 동향을 공유하며 재학생과 졸업생들이 커다란 공동체를 이루어 상생하는 장을 만들기 위해 노력합니다.

2 교육 프로그램

MAiSI는 벨기에 뢰번가톨릭대학교 정규 석사과정 중 하나입니다. 교내 여타 전공과 동일하게 매년 9월에 시작하고, 120학점을 구성하는 과목들이 아래와 같이 정규 4개 학기와 여름 캠프 2회에 배분되어 있습니다. 전체 과정은 크게 강의와 학위논문, 두 축으로 이루어져 있습니다. 강의는 '스포츠 윤리'를 중심 주제로 스포츠 가치, 윤리적 사고와 행동, 공정과 도핑 방지, 인권과 차별, 스포츠 도박과 승부조작, 조직 내외 관계와 거버넌스 등을 두루 고려해 구성됩니다. 여름 캠프는 '국제 스포츠 스터디'의 특색을 살려 2학기와 4학기 종료 후 2주씩 그리스 펠로폰네소스대학교 주관으로 국제올림픽아카데미(IOA)에서 현장 학습차 진행됩니다. 학기별로 수업 장소와 강사는 다르지만, 강의를 포함한 모든 활동은 영어로 진행됩니다.

| 1학기: 9월~(다음 해) 1월, 뢰번가톨릭대학교
- 스포츠 윤리 개관(5학점)
- 진실성, 평등, 포용, 스포츠 안전(7학점)
- 윤리, 도핑 방지 정책, 스포츠 의학(10학점)
- 스포츠 법, 각종 규정(8학점)

| 2학기: 2월~6월, 카렐대학교
- 스포츠 가치, 공정한 경기, 진실성(15학점)
- 장애인 스포츠와 패럴림픽 내 이슈(3학점)

| 2학기 여름 캠프: 2학기 종료 후 2주간, 펠로폰네소스대학교
- 올림픽 스터디 및 올림픽 운영(4학점)
- 연구 방법(8학점)

| 3학기: 9월~(다음 해) 1월, 폼페이우파브라대학교 또는 요하네스구텐베르크 마인츠대학교(기수별로 다름)
  - 거버넌스, 법률, 스포츠 진실성(12학점, 학기 운영 장소와 상관없이 폼페이우파브라대학교가 담당)
  - 스포츠 경영과 진실성(12학점, 학기 운영 장소와 상관없이 요하네스구텐베르크 마인츠대학교가 담당)
  - 석사학위논문 연구(6학점)

| 4학기: 2월~6월, 컨소시엄 대학교 중 택일(각 학생의 논문 주제와 가장 근접한 분야를 담당하는 대학교에 배정)
  - 과목: 석사학위논문 연구(24학점)

| 4학기 여름캠프: 4학기 종료 후 2주간, 펠로폰네소스대학교
  - 과목: 올림피즘과 올림픽 운동(6학점)

　　입학 절차는 뢰번가톨릭대학교의 학칙을 따릅니다. 입학 신청은 온라인으로 진행되고 필요 서류는 입학신청서, 학사 졸업증명서와 성적표, 자기소개서, 영어성적표, 2인의 추천서(1명은 학계 종사자), 이력서, 여권 사본, 거주증(또는 재직증명서) 등입니다. 심사비(EUR 90)는 반환되지 않으므로 지원자는 납부 전 본인의 지원 자격 여부를 미리 이메일로 문의해 확인해야 합니다. 선수 경력자는 입학신청서에 현역 여부와 대회 출전 및 입상 경력(올림픽 참가 경력 있을 시 강조)에 대해 자세히 기재해야 합니다. 학사 전공 분야는 스포츠와 무관해도 무방합니다. 학사학위를 받은 국가가 영어권이 아닌 경우 토플 iBT 80점 이상(영역별 최소 19점 이상), IELTS 6.5 이상(영역별 최소 5.5 이상), 캠브리지테스트 'C1 Advanced' 이상의 영어성적표를 제출해야 합니다.

- 10월~(다음 해) 4월: 입학 신청, 장학금 신청
- 5월: 서류전형 합격자 발표, 면접
- 6월: 최종 합격자 발표, 장학금 수혜자 발표, 장학금 지급

2년 전체 학비는 유럽경제지역(EEA) 내 국가 국민은 EUR 6,000(890만 원), 그 외 지역 출신은 EUR 12,000(1,780만 원)입니다. 학생들에는 입학 신청 단계부터 장학금 동시 신청이 권장됩니다. MAiSI는 다음 8개 장학금 프로그램과 연계되어 있습니다.

- Erasmus Mundus Scholarship(에라스무스문두스 장학금)
- IOC Olympic Solidarity scholarship(올림픽 솔리다리티)
- Mobility Erasmus+ Scholarship
- Full waivers(non-EEA)
- Master Mind scholarships
- Deutschlandstipendium
- Scholarships for finalizing a degree with DAAD
- Scholarships John S. Latsis Public Benefit Foundation

대표 장학금은 '올림픽 솔리다리티'와 '에라스무스문두스 장학금'입니다. 올림픽 솔리다리티는 IOC 규정에 따라 국가올림픽위원회(NOC)를 통해 학비, 생활비, 숙박비, 정착금, 항공료 및 이동비를 지원합니다.

에라스무스문두스는 전체 학업 기간 동안 올림픽 솔리다리티와 동일한 항목을 지원합니다. 유럽연합 집행위원회(EC)는 자체 사업 대부분을 'EC 파트너 국가'와 'EC 프로그램 국가'로 나누어 추진합니다. 장학금도 학생의 출신국 카테고리에 따라 차등 지원합니다. EC의 타 장학금을 일부라도 받고 있는 학생은 국적에 상관없이 중복 지원이 불가합니다. 학비와 보험비는 뢰번가톨릭대학교에 직접 지불되고 생활비, 정착금, 이동비는 뢰번가톨릭대학교를 통해서 학생에 지급됩니다. 부문별

장학금 세부 내역은 다음과 같습니다.

| EC 파트너 국가 장학생

- 학비, 보험비(건강보험, 여행자보험): EUR 18,000(2,660만 원)
- 숙박비, 생활비: EUR 1,000(148만 원, 유럽 내에 거주하는 사실이 확인될 때만 지급)
- 이동비: 매년 EUR 3,000(444만 원, 자국-벨기에 간 거리가 4,000km 이상인 학생) 또는 EUR 2,000(296만 원, 자국-벨기에 간 거리가 4,000km 미만인 학생)
- 정착금: EUR 1,000(148만 원)

| EC 프로그램 국가 장학생

- 학비, 보험비(건강보험, 여행자보험): EUR 9,000(1,330만 원)
- 숙박비, 생활비: 매월 EUR 1,000(148만 원, 유럽 내에 거주하는 사실이 확인될 때만 지급)
- 이동비: 매년 EUR 1,000(148만 원)
- 정착금: 없음

MESGO 글로벌스포츠거버넌스 최고위석사과정_8개국 순환

10장

THE EXECUTIVE MASTER IN
GLOBAL SPORT GOVERNANCE

MESGO(글로벌스포츠거버넌스 최고위석사과정)
• 홈페이지: www.mesgo.org
• 이메일: info@mesgo.org
• 전화번호: 0033 (0)5 5545 7767
• 주소: 13 Rue de Genève, Limoges, France

　'MESGO(Executive Master in Global Sport Governance)'는 프랑스 리모주대학교(University of Limoges)를 중심으로 유럽 내 4개 대학교, 4개 국제스포츠조직, 1개 국제기구가 협력해 운영하는 '글로벌 스포츠 거버넌스 최고위석사과정'입니다. '최고위석사과정'은 변화하는 환경 속에서도 경쟁력 있는 리더로 활약할 수 있도록 해당 분야의 선구적 전문지식을 전달하는 현직 경영인 대상 실무중심 석사 교육과정을 의미합니다.

　MESGO는 국제스포츠계 리더들이 스포츠 거버넌스를 올바로 이해하고 글로벌 트랜드를 꿰뚫어 급변하는 스포츠 환경 속 도전들에 미리 대비하도록 교육하는 것을 목표로 합니다. 다양한 조직(교육기관, 정부기관, 국제기구, 스포츠 관련 기업, 국제 스포츠 기구)들이 여러 형태로 운영에 참여하여 스포츠에 대한 학계와 현장의 관점을 균형적으로 접할 수 있다는 점과 세션이 스포츠 대표 도시들을 순회하며 열려 여러 지역 내 현장 전문가들이 강사로 참여한다는 점이 특징입니다. 다양한 분야의 리더들이 서로의 경험과 지식을 나누며 확대해가는 '글로벌 인적 네트워크'는 본 프로그램의 강점이자 핵심 자산으로 꼽힙니다.

　MESGO는 아래 나열된 바와 같이 2010년 이래 매 짝수년에 열리고 24개월에 걸쳐 진행됩니다. 기수당 최대 30명이 선발되고, 프로그램은 총 60학점, 10개 세션(주제별 9개 강의 세션과 평가 세션)으로 구성되어 있습니다. 각 세션은 서로 다른 도시에서 5일 내외로 진행됩니다. 강사와 주제 등은 세션별로 다르지만, 강의를 포함한 모든 활동은 영어로 진행됩니다. 2년 등록금은 EUR 19,800(2,930만 원)입니다. 항공비와 숙박비를 제외한 수업자료, 점심 식사, 현지 교통비가 포함된 금액입니다.

- 제7기(2022~2024년): 30명(23개국)
- 제6기(2020~2022년): 28명(20개국)
- 제5기(2018~2020년): 25명(23개국)
- 제4기(2016~2018년): 26명(21개국)
- 제3기(2014~2016년): 23명(19개국)
- 제2기(2012~2014년): 20명(15개국)
- 제1기(2010~2012년): 20명(16개국)

1 거버넌스

MESGO는 프랑스 리모주대학교(University of Limoges) 법과경제대학(Faculty of Law and Economics)의 산하 연구소인 CDES(Centre de Droit et d'Economie du Sport)가 운영합니다. 연구소 내에는 프로그램 관련 기관 대표들로 구성된 과학위원회(Scientific Committee)가 설치되어 있고 이는 입학 지원자들의 서류심사, 면접(전화 인터뷰), 합격자 선정 등 학생 선발에 관한 사항을 담당합니다. 협력 조직으로는 아래의 4개 대학교, 4개 국제스포츠조직, 1개 국제기구가 있습니다. 파트너 기관들은 9개 세션을 하나씩 나눠 전담하고 필요시 타 세션에 강사 파견, 강의 자료 공유, 현장 학습 제공 등의 방법으로 공조합니다.

| 파트너 대학교

- 스위스 로잔대학교(Faculty of Business and Economics, University of Lausanne)
- 영국 런던대학교 버크벡칼리지(Birkbeck Sport Business Center, Birkbeck, University of London)
- 스페인 예이다대학교(Institut Nacional d'Educacio Fisica de Catalunya, University of Lleida)
- 독일 마인츠요하네스구텐베르크대학교(Institute of Sport Science, Johannes Gutenberg University of Mainz)

| 파트너 국제스포츠조직

- 유럽축구연맹(Union of European Football Associations)
- 국제아이스하키연맹(International Ice Hockey Federation)
- 유럽핸드볼연맹(European Handball Federation)
- 국제농구연맹(International Basketball Federation)

| 파트너 국제기구

- 유럽 회의(Council of Europe)

② 교육 프로그램

MESGO는 스포츠 조직 임직원들을 대상으로 운영됩니다. 주요 입학 요건 3가지는 '학사학위를 소지할 것', '영어에 능통할 것', '스포츠 조직 실무경력 5년 이상이 있을 것'입니다. 경우에 따라 정부 기관, 비영리 조직, 스포츠 관련 기업(미디어, 스폰서) 등에서 근무한 이력도 유관 경력으로 인정됩니다.

입학 지원자는 지원서 발송 전 사무처로 이메일을 보내 본인의 지원 자격을 먼저 확인받아야 합니다. 자격이 확인되면 온라인 접수 후 지원서, 이력서, 학사학위 증명서, 자기소개서, 추천서를 이메일로 발송합니다. 지원서는 인적 사항(이름, 성별, 생년월일, 국적, 주소, 전화번호, 이메일), 학업 사항(학위명, 학교명, 수학 기간), 경력 사항(조직명, 담당 업무 및 직책, 근무 국가, 근무 기간), 영어 능력(시험명, 점수, 날짜) 항목으로 구성되어 있습니다. 자기소개서에는 '업무와 관련된 성취 사례와 그렇게 생각하는 이유', '본인이 입학생으로 선발되어야 하는 이유 3개', '자신의 강점과 약점을 중심으로 한 자기소개'에 대한 답변이 포함되어야 합니다. 추천서는 서로 다른 조직에 속한 자 2인에게서 받아야 합니다.

홀수년 10월부터 다음 해 3월까지 지원서를 접수하고 이후 서류전형과 면접전형을 거쳐 9월에 첫 세션이 시작됩니다. 전체 10개 세션은 아시아 1회, 북미 2회, 유럽 7회 개최를 원칙으로 하고, 세부 장소는 각 세션을 담당하는 파트너 기관이 선정합니다. '세션 10'을 제외한 9개 세션은 모두 월요일 오후 2시에 개강해 금요일 오후 2시에 종강하는 5일의 일정으로 진행됩니다. 강의는 현장의 특성을 살려 이론과 실제 비교, 실무자의 현장 특강, 사례 연구와 토론 및 토의, 네트워킹, 문화 활동 등으로 구성됩니다. 2024년 시작된 제8기 프로그램의 예는 다음과 같습니다.

- 세션 1. 글로벌 스포츠 거버넌스 소개(9~10월, 스위스 로잔)
- 세션 2. 경기대회 기획 및 재정 안정성(11월, 프랑스 파리)

- 세션 3. 법률 체계(다음 해 1월, 벨기에 브뤼셀)
- 세션 4. 윤리와 진실성(3월, 독일 마인츠&프랑크푸르트)
- 세션 5. 이벤트와 참여(6월, 스페인 바르셀로나)
- 세션 6. 전략적 마케팅과 커뮤니케이션(11월, 영국 런던)
- 세션 7. 미국 사례(다음 해 3월, 미국 뉴욕)
- 세션 8. 리더십과 혁신(3월, 미국 실리콘밸리)
- 세션 9. 스포츠의 미래(8월, 싱가포르)
- 세션 10. 연구 발표 및 평가, 졸업식(10월, 스위스 니옹)

MESGO는 스포츠 이론들을 현장 중심으로 재해석해 교육합니다. <세션 1. 글로벌 스포츠 거버넌스 소개>에서는 스포츠 조직의 미션, 존재 목적과 역할, 지속가능성, 평가, 환경(경제적, 사회적, 정치적), 내부 구조 및 관련 조직과의 관계 등을 스포츠 거버넌스 관점에서 살펴봅니다.

<세션 2. 경기대회 기획 및 재정 안정성>은 스포츠 이벤트 분석(운영 시스템, 위기관리, 자원 분배, 레거시, 각종 규정, 주요 정책 평가), 경기대회 간 비교, 경제적 관점에서의 스포츠(예산 및 결산, 스폰서, 정부 지원, 회계 시스템, 선수 급여 체계, 이익 공유 시스템, 자원 재분배 통로로서의 기능)를 다룹니다.

<세션 3. 법률 체계>는 스포츠 조직 관련법 및 이의 적용, 법적 위험 관리, 조직 내외에서 발생한 분쟁 사례 및 대응, 징계 권한, 법률 담당 부서 운영, 스포츠중재재판소(CAS)의 역할, 스포츠 조직과 유럽연합(EU) 및 유럽회의(Council of Europe)의 관계, 유럽 내 스포츠의 법적 시스템 등에 대해 교육합니다.

<세션 4. 윤리와 진실성>에서는 '스포츠 윤리'의 이론과 이의 실천을 위한 실제적 가이드라인, 진실성(공평, 공정, 존경, 평등), 윤리적 이슈(승부조작, 도핑, 각종 부정부패), 차별 방지 정책(인종, 성별, 장애), 스포츠 조직의 사회적 책임 등에 대해 살펴봅니다.

<세션 5. 이벤트와 참여>는 스포츠 이벤트 유치 절차 및 이를 위

한 민관 공조, 경기대회 운영 기획 및 개최 방법, 관객의 호응과 참여 증진을 위한 캠페인 및 파트너 조직 간 협력, 대회를 통한 레거시 창출 및 관리 등에 대해 교육합니다.

<세션 6. 전략적 마케팅과 커뮤니케이션>에서는 조직의 대외 소통에 관한 이론 및 방법을 마케팅, 커뮤니케이션, 홍보, 브랜딩, 팬 관리, 미디어(전통 미디어, 뉴 미디어), 스폰서십 등의 소통 트렌드에 접목해 알아봅니다.

<세션 7. 미국 사례>는 미국의 스포츠 산업을 중심으로 프로 스포츠의 이해(등장, 발전, 원칙, 조직 내외 구조 및 관계, 운영, 재정 안정성 확보 등), 스포츠의 상업화(수익 창출, 권리 및 규제 등), 선수 관리(노동 규정, 노사 단체 협약, 연봉 협상, 세금, 영입 시스템, 이적 시장 등), 국가대표팀과 프로 클럽의 상생 등에 대해 다룹니다.

<세션 8. 리더십과 혁신>에서는 글로벌화의 영향으로 스포츠 조직 경영 구조가 변화함에 따라 리더들이 알아야 하는 디지털 변화, 첨단 기술 발달, 혁신 마인드, 경영 방식 개선, 가치 재설정과 가치 교환을 통한 국제 관계 개발 등을 리더십 이론에 접목해 살펴봅니다.

<세션 9. 스포츠의 미래>에서는 스포츠 조직이 직면한 현재와 미래의 도전과 과제, 이의 영향과 대응, 미래 스포츠와 스포츠 조직의 미래에 대해 폭넓게 논의합니다.

<세션 10. 연구 발표 및 평가, 졸업식>에서는 학생들이 재학 기간 동안 개별로 진행한 연구의 결과를 발표합니다. 본 구두 평가회 이후에는 유럽축구연맹(UEFA) 본부에서 졸업식이 진행됩니다. 졸업식 이후 학생들은 'MESGO 동문회'에 자동으로 가입됩니다.

제2권

IOC 온라인 자격인증 과정

SPORTS INSTITUTE

sportsoracle 스포츠 오라클(Sports Oracle)
- 홈페이지: www.sportsoracle.com
- 이메일: admin@sportsoracle.com
- 주소: 1 East Craibstone Street, Aberdeen, Aber-
deenshire, AB11 6YQ, Scotland

'IOC 온라인 자격인증 과정'은 'IOC 의학과 과학 위원회(IOC Medical and Scientific Commission)'가 선수와 선수 관계자들에게 운동, 건강, 영양, 재활, 안전, 경기력 관리, 스포츠 웰빙 등에 관한 종합적 지식을 전달할 목적으로 개설한 비학위 교육 프로그램입니다. 이는 2005년 이래 '스포츠 오라클(Sports Oracle)'을 통해 위탁 운영되고 있으며, 아래의 8개 과정으로 구성되어 있습니다. 5개는 '전문가과정(Diploma)', 3개는 '관리사과정(Certificate)'입니다. 모든 강의는 영어로 진행되고, 실시간 동시 접속에 의한 수업이 아닌, 저장된 강의를 학생 각자가 원하는 때에 개별 수강하는 방식으로 운영됩니다.

- IOC 스포츠 영양 전문가 과정(IOC Diploma in Sports Nutrition)
- IOC 스포츠 의학 전문가 과정(IOC Diploma in Sports Medicine)
- IOC 스포츠 물리치료 전문가 과정(IOC Diploma in Sports Physical Therapies)
- IOC 체력관리 전문가 과정(IOC Diploma in Strength and Conditioning)
- IOC 엘리트 선수 정신건강 전문가 과정(IOC Diploma in Mental Health in Elite Sport)
- IOC 엘리트 선수 정신건강 관리사 과정(IOC Certificate in Mental Health in Elite Sport)
- IOC 스포츠 약물 관리사 과정(IOC Certificate in Drugs in Sport)
- IOC 스포츠 세이프가딩 관리사 과정(IOC Certificate: Safeguarding Officer in Sport)

입학 신청은 전용 온라인 페이지를 통해 진행됩니다. 지원자들은 입학 신청 시 아래의 영어시험 성적 중 하나를 제출해야 합니다. 단, 영어가 모국어인 자나 고등학교 또는 대학교(학부)를 영어권 국가에서 졸업한 자는 예외입니다. 지원 결과는 신청서 제출 후 평일 기준 7일 이내에 발송되고, 합격자에게는 추가 정보 제공이 요청됩니다.

- IELTS: 평균 6점(듣기, 읽기, 쓰기, 말하기 각 6.0)
- TOEFL: PBT 500점, CBT 213점, IBT 94점
- TOEIC: 500점
- GCSE O-level: C등급
- Standard Grade English Language: C등급
- International GCSE: C등급
- International Baccalaureate: 4등급
- Test in English for Educational Purposes: 3등급
- University of London School Examinations Board: 5등급
- Oxford Certificate of English: Higher 레벨
- Cambridge Higher School Certificate: Subsidiary 레벨
- Cambridge Overseas School Certificate: O 레벨
- 기타 시험 성적은 개별 평가

위 프로그램들은 IOC에서 주관하므로 '올림픽 솔리다리티'와 밀접하게 연계되어 있습니다. 이에 장학금이 필요한 자는 각 국가올림픽위원회를 통해 신청할 수 있습니다. 학비는 연간 2회 또는 4회로 분할 납부 가능합니다. 추가금은 없으나, 재시험 또는 과제 재제출이 필요한 경우 별도의 비용이 발생합니다. 과정별 학비는 아래와 같습니다.

- 스포츠 영양 전문가 과정: GBP 5,600(985만 원)
- 스포츠 의학 전문가 과정: GBP 5,400(950만 원)

- 스포츠 물리치료 전문가 과정: GBP 5,400(950만 원)
- 체력관리 전문가 과정: GBP 2,900(510만 원)
- 엘리트 선수 정신건강 전문가 과정: GBP 2,700(475만 원)
- 엘리트 선수 정신건강 관리사 과정: GBP 200(35만 원)
- 스포츠 약물 관리사 과정: GBP 1,650(290만 원)
- 스포츠 세이프가딩 관리사 과정: GBP 1,650(290만 원)

수료식은 스위스 로잔에서 IOC 대표의 축하 인사, 수료증 전달, 오찬, 올림픽 박물관 투어 등의 일정으로 진행됩니다. 참석은 선택사항이며 불참 시 수료증은 우편으로 발송됩니다.

'IOC 엘리트 스포츠 선수 정신건강 관리사 과정'은 여러 면에서 다른 7개 과정과 상이한 형태로 운영됩니다. 입학 지원 시 영어 성적 제출이 요구되지 않고, '올림픽 솔리다리티' 장학금이 제공되지 않으며, 학비 분할 납부가 허용되지 않고, 수료식이 따로 열리지 않습니다.

1장 IOC 스포츠 영양 전문가 과정

'IOC 스포츠 영양 전문가 과정(IOC Diploma in Sports Nutrition)'은 IOC가 대학교(학부) 전공이 영양학, 생물과학, 생화학, 생리학, 의학, 약학 등인 선수 관련인들(Entourage)을 대상으로 여는 2년 과정의 온라인 학점인정 교육 프로그램입니다. 이는 영양학에 관한 종합적인 이론 지식을 전달하고, 학생들이 선수를 위한 영양 섭취 전략을 혼자 힘으로 세울 수 있도록 교육합니다. 스포츠 영양학 관련 문헌조사, 연구 절차, 연구 결과물 수록 등에 대한 방법론도 함께 다룹니다. 내부 거버넌스는 아래와 같이 조직되어 있습니다.

- 프로그램 디렉터 그룹: 운영 총괄
- 자문위원회: 지원자 평가, 합격자 선발, 교육과정 구성, 학생 최종 평가, 프로그램 전반 감독
- 심사위원회: 학생의 이의 신청 검토
- 교수진: 강의 모듈 담당
- 튜터: 학생들의 학습 과정을 다면적으로 지원(학생별, 모듈별, 연구주제별, 행정 업무별)

본 전문가 과정은 2005년 이래 매년 진행되며, 아래와 같이 매년 2월에 개강해 11월에 종강하는 사이클로 운영됩니다. 기수별 교육은 총 1,200시간 이루어집니다. 이는 일반 대학원 석사과정의 2/3에 해당하는 분량입니다.

- 1월: 입학 신청 마감[2]
- 2월: '파트 1' 시작(10개 모듈)
- 11월: '파트 1' 온라인 필기시험
- (다음 해) 2월: '파트 2' 시작(10개 모듈)
- 11월: '파트 2' 온라인 필기시험
- (다음 해) 가을: 졸업

　본 과정을 수료한 자는 아래 6개 학교 석사과정 입학 시 이수한 학점을 인정받을 수 있습니다. 학교별로 학점 인정 범위는 다릅니다. 일례로 영국 스털링대학교는 본 과정에서 이수한 120학점을 모두 인정해, 수업 활동 이후 진행되는 실무 프로젝트에만 참여하면 수료자들에게 일반 학생들과 동일한 석사학위를 수여합니다.

- 영국 스털링대학교(Sports Nutrition, University of Stirling)
- 영국 얼스터대학교(Sport and Exercise Nutrition, University of Ulster)
- 영국 웨스트민스터대학교(Sports and Exercise Nutrition, University of Westminster)
- 미국 하와이대학교 마노아캠퍼스(Nutritional Sciences, University of Hawaii at Manoa)
- 호주 선샤인코스트대학교(Sports Nutrition, University of the Sunshine Coast)
- 뉴질랜드 오타고대학교(Sport and Exercise Nutrition, University of Otago)

---

2 지원서에는 영어시험(종류, 날짜, 점수), 학사학위(대학교명, 전공명, 입학일, 졸업일, 학기별 학점), 재직(직위, 대표자 이름), 근무 경력(직위, 대표자 이름, 근무일), 영양 관련 자격증(발행기관, 자격증 종류, 날짜, 등록번호), 영양학 또는 생리학 공부 경험, 현재 스포츠 또는 선수와 관련된 일에의 종사 여부 등에 대해 기입합니다.

커리큘럼은 온라인으로 진행되는 정규 수업, 질의응답 세션, 과제, 시험, 세미나, 그리고 오프라인으로 진행되는 현장 학습으로 구성되어 있습니다. 정규 수업, 과제, 시험은 필수 참여 활동이고 이를 제외한 나머지는 원하는 학생만 참여하는 선택 참여 활동입니다.

'정규 수업'은 아래와 같이 2개 파트로 나뉘어 있습니다. 양 파트는 1년씩 10개 모듈로 구성되고 각 모듈은 1개월간 진행됩니다. '파트 1'은 스포츠 영양학에 대한 기초 지식(신진대사, 영양요구량, 식습관, 체중조절), 윤리와 도덕, 기초 과학 및 인체 메커니즘(영양 관리와 건강, 신체활동, 운동 능력, 경기 성과의 관계) 등에 관한 이론 중심 내용으로 구성됩니다. '파트 2'는 영양적 목표 설정 및 음식 섭취 전략 수립, 선수 특성에 따른 주안점 비교(종목별, 성별, 수준별 등), 성공적 식이 전략 사례 검토 등 스포츠 영양학의 적용과 응용에 관한 내용으로 구성됩니다. '파트 1'을 통과해야 '파트 2'를 수강할 수 있습니다.

| 파트 1. 스포츠 영양학 기본
- 모듈 1. 스포츠와 운동 영양 소개
- 모듈 2. 에너지 균형과 신체 구성
- 모듈 3. 운동과 단백질, 근육 증가를 위한 섭취
- 모듈 4. 트레이닝을 위한 영양
- 모듈 5. 경기 준비를 위한 영양
- 모듈 6. 경기와 훈련 기간 동안의 섭취
- 모듈 7. 선수 건강과 비타민, 미네랄, 항산화물
- 모듈 8. 건강 보조 식품과 스포츠 보조 약물
- 모듈 9. 전문가 실무
- 모듈 10. 특별 연구 모듈: 현대의 스포츠 영양학 관련 논란들

| 파트 2. 스포츠 영양학 실제

- 모듈 1. 스포츠 영양학의 실제
- 모듈 2. 경기력 증진 전략: 인내력 훈련 종목
- 모듈 3. 경기력 증진 전략: 동계 스포츠 종목
- 모듈 4. 경기력 증진 전략: 체중 관리가 필수인 종목
- 모듈 5. 경기력 증진 전략: 근력을 겨루는 종목
- 모듈 6. 경기력 증진 전략: 팀 종목, 휴식 구간이 있는 종목
- 모듈 7. 영양, 신체활동, 건강
- 모듈 8. 맞춤형 영양
- 모듈 9. 특별 환경에서의 영양: 온도와 고도
- 모듈 10. 특별 연구 모듈: 특정 종목 분석 및 발표

'질의응답 세션'은 학생들이 강의 내용에 관해 질문하고 토론할 수 있도록 마련된 온라인 소통 창구입니다. 매달 한 번씩 열리는 본 행사에는 재학생들과 프로그램 디렉터, 교수, 자문위원 등이 참여하고, 이는 모두 녹화되어 행사에 참여하지 못한 학생들을 포함한 모든 관계자들에게 공유됩니다. '과제'는 포스터 발표, 요약문 작성, 연구 보고서 평론, 연구 논문 분석 등의 내용으로 연간 4개, 총 8개가 주어집니다. 제출된 과제는 모듈 튜터가 평가하고 피드백은 이메일과 웹페이지를 통해 학생에게 전달됩니다. 통과하지 못한 학생에게는 한 번의 기회가 더 주어집니다. '시험'은 각 연말에 1회, 총 2회가 시행됩니다. 시간은 24시간이 주어지고 낙제한 경우 재시험에 응할 수 있습니다. '세미나'는 매년 한 차례 진행되고, 재학생은 물론 졸업생도 참석이 가능합니다. '현장 학습'은 유일한 대면 행사입니다. 온라인으로만 교류하던 교수 및 동기들과 만나고 국제 행사에 직접 참여해볼 수 있는 기회를 제공하기 위해 마련됩니다. 매년 한 번 타 기관의 콘퍼런스, 콩그레스, 세미나 등의 행사와 연계해 개최됩니다.

평가는 과제와 시험 결과를 50%씩 반영해 내려집니다. 수료 기준은 총점의 50% 이상 획득입니다. 조직간 협약에 따라, 아래의 영양 관련 협회 (또는 학회)의 회원에게는 학비가 일부 감면됩니다.

- Professionals in Nutrition for Exercise & Sport
- British Dietetic Association
- Sports Dietitians Australia
- Sports and Human Performance Nutrition
- Dietitians of Canada Sports Nutrition Network
- Mexican Sports Nutrition Federation

2장 　 IOC 스포츠 의학 전문가 과정

'IOC 스포츠 의학 전문가 과정(IOC Diploma in Sports Medicine)'은 IOC가 대학교(학부) 전공이 의학인 전문 의료인들을 대상으로 여는 2년 과정의 온라인 자격인증 프로그램입니다. 스포츠 의학 기본 지식, 훈련 및 경기 시의 의료행위 수칙, 선수 건강 관리의 성공적 사례, 현장에서 발생하는 다양한 이슈, 스포츠 의학에 관한 연구 방법(조사 절차, 자료의 해석 및 평가, 소통 방법) 등에 대해 교육합니다. 내부 거버넌스는 다음과 같이 조직되어 있습니다.

- 이사회: 업무 집행에 관한 의사를 최종 결정
- 프로그램 디렉터 그룹: 운영 총괄
- 자문위원회: 교육과정 구성, 학생 최종 평가, 프로그램 전반 감독
- 입학위원회: 지원자 평가 및 합격자 선발(자문위원회의 일부로 구성)
- 심사위원회: 학생의 이의 신청 검토
- 교수진: 강의 모듈 담당
- 튜터: 학생들의 학습 과정을 다면적으로 지원(학생별, 모듈별, 연구주제별, 행정 업무별)

본 전문가 과정은 2013년 이래 매년 진행되며, 아래와 같이 매년 10월에 개강해 다음 해 5월에 종강하는 사이클로 운영됩니다. 기수별 교육은 총 800시간 이루어집니다.

- 9월: 입학 신청 마감[3]
- 10월: '파트 1' 시작(6개 모듈)
- (다음 해) 4월: '파트 1' 온라인 필기시험
- 10월: '파트 2' 시작(6개 모듈)
- (다음 해) 3~5월 중: 대면 워크숍, '파트 2' 필기시험
- 가을: 졸업

커리큘럼은 온라인으로 진행되는 정규 수업, 질의응답 세션, 과제, 시험, 그리고 오프라인으로 진행되는 연례 회의, 대면 워크숍으로 구성되어 있습니다. 정규 수업, 과제, 시험, 대면 워크숍은 필수 참여 활동입니다. '정규 수업'은 아래와 같이 2개 파트로 나뉘어 있습니다. 양 파트는 서로 다른 해에 6개 모듈로 진행되고 각 모듈은 1개월간 진행됩니다. '파트 1'을 통과해야 '파트 2'를 수강할 수 있습니다.

| 파트 1
- 모듈 1. 스포츠 의학의 실제
- 모듈 2. 선수와 스포츠팀의 건강 관리 1
- 모듈 3. 선수와 스포츠팀의 건강 관리 2
- 모듈 4. 스포츠 부상
- 모듈 5. 스포츠 내 응급 상황
- 모듈 6. 스포츠 내 약물과 도핑

---

3 지원서에는 영어시험(종류, 날짜, 점수), 학사학위(대학교명, 전공명, 입학일, 졸업일, 학기별 학점), 재직(직위, 대표자 이름), 근무 경력(직위, 대표자 이름, 근무일), 의료 관련 면허증(발행기관, 자격증 종류, 날짜, 등록번호), 의료인 활동(활동 등록 국가 및 현재 활동 중인 국가), 스포츠 또는 선수 관련 일에의 종사 여부 등에 대해 기입합니다.

- 모듈 1. 일반적 원칙
- 모듈 2. 팔 부상과 다리 부상
- 모듈 3. 머리, 목, 등, 허리, 엉덩이, 사타구니 부상
- 모듈 4. 여성, 어린이, 노인, 패럴림픽 선수의 특성
- 모듈 5. 스포츠에서 자주 발생하는 부상
- 모듈 6. 스포츠, 운동, 건강

'질의응답 세션'은 학생들이 강의 내용에 관해 질문하고 토론할 수 있도록 마련된 온라인 소통 창구입니다. 매달 한 번씩 열리는 본 행사에는 재학생들과 프로그램 디렉터, 교수, 자문위원 등이 참여하고 이는 모두 녹화되어 행사에 참여하지 못한 학생들을 포함한 모든 관계자들에게 공유됩니다. '과제'는 소규모 연구 프로젝트 등의 내용으로 1년에 2개, 총 4개가 주어집니다. 모듈 튜터는 28일 안에 과제를 평가하고 이메일과 웹페이지를 통해 평가 결과와 피드백을 제공합니다. 통과하지 못한 학생에게는 한 번의 기회가 더 주어집니다. '시험'은 1년에 1회, 총 2회가 시행됩니다. 첫해 시험에는 24시간이 주어집니다. 낙제한 경우 재시험에 응할 수 있습니다. 두 번째 해의 시험은 '대면 워크숍'이 열리는 첫날 오전에 2시간 동안 진행됩니다. 시험 문제는 객관식과 단답형으로 출제됩니다. 채점 결과와 피드백은 8주 이내에 제공됩니다.

'연례 회의'는 학회 등의 외부 행사와 연계해 '파트 1' 말미에 한 차례 열립니다. 이는 온라인으로만 교류하던 교수 및 동기들과 직접 만나고 국제 행사에 참여하는 기회를 제공하기 위해 마련됩니다. '대면 워크숍'은 '파트 2' 마지막 부분에 3~4일간 개최됩니다. 온라인 수업만으로는 부족했던 부분을 세세히 개별 지도하기 위한 목적으로 열립니다. 전 세계 5개 도시에서 진행되고 학생들은 이 중 한 곳을 선택해 참석합니다. 특정 장소에 인원이 몰리면 추가 과정이 개설될 수 있습니다. 평가

는 과제와 시험 결과를 50%씩 반영해 내려집니다. 수료 기준은 총점의
50% 이상 획득입니다.

3장   IOC 스포츠 물리치료 전문가 과정

'IOC 스포츠 물리치료 전문가 과정(IOC Diploma in Sports Physical Therapies)'은 IOC가 대학교(학부) 전공이 물리치료 또는 선수 트레이닝인 전문인들을 대상으로 여는 2년 과정의 온라인 자격인증 프로그램입니다. 스포츠 물리치료 기본 지식, 훈련 및 경기 시의 적용 원칙, 선수 치료의 성공적 사례, 부상 관리(유발 요인, 관리 및 재활, 예방 프로그램 개발 및 실행), 스포츠 물리치료에 관한 연구 방법(조사 절차, 자료의 해석 및 평가, 소통 방법), 현장에서 발생하는 다양한 이슈 등에 대해 교육합니다. 내부 거버넌스는 다음과 같이 조직되어 있습니다.

- 이사회: 업무 집행에 관한 의사를 최종 결정
- 프로그램 디렉터 그룹: 운영 총괄
- 자문위원회: 지원자 평가, 합격자 선발, 교육과정 구성, 학생 최종 평가, 프로그램 전반 감독
- 심사위원회: 학생의 이의 신청 검토
- 교수진: 강의 모듈 담당
- 튜터: 학생들의 학습 과정을 다면적으로 지원(학생별, 모듈별, 연구주제별, 행정 업무별)

본 전문가 과정은 2015년 이래 매년 진행되며, 다음과 같이 매년 10월에 개강해 다음 해 4월에 종강하는 사이클로 운영됩니다. 기수별 교육은 총 800시간 이루어집니다.

- 9월: 입학 신청 마감[4]
- 10월: '파트 1' 시작(6개 모듈)
- (다음 해) 4월: '파트 1' 온라인 필기시험
- 10월: '파트 2' 시작(6개 모듈)
- (다음 해) 4월: '파트 2' 온라인 필기시험
- 가을: 졸업

정규 수업, 질의응답 세션, 과제와 시험은 온라인으로 진행되고 연례 회의는 오프라인으로 열립니다. 정규 수업, 과제, 시험은 필수 참여 활동입니다. '정규 수업'은 아래와 같이 2개 파트로 나뉘어 있습니다. 양 파트는 서로 다른 해에 6개 모듈로 진행되고, 각 모듈은 1개월간 교육됩니다. 모듈별 말미에는 객관식 문항으로 구성된 평가가 시행되고, 결과는 근무일 기준 7일 이내에 학생에게 전달됩니다. '파트 1'을 통과해야 '파트 2'를 수강할 수 있습니다.

| 파트 1
- 모듈 1. 교육과정 개요
- 모듈 2. 스포츠 물리치료 기본원칙들 1
- 모듈 3. 스포츠 물리치료 기본원칙들 2
- 모듈 4. 선수와 팀 관리
- 모듈 5. 스포츠 부상 예방
- 모듈 6. 특별한 집단들

---

4 지원서에는 영어시험(종류, 날짜, 점수), 학사학위(대학교명, 전공명, 입학일, 졸업일, 학기별 학점), 재직(직위, 대표자 이름), 근무 경력(직위, 대표자 이름, 근무일), 물리치료사 또는 선수 트레이너 자격증(발행기관, 자격증 종류, 날짜, 등록번호), 물리치료사 또는 선수 트레이너 활동(활동 등록 날짜 및 국가, 현재 활동 중인 국가), 스포츠 또는 선수 관련 일에의 종사 여부 등에 대해 기입합니다.

| 파트 2

- 모듈 1. 조직특이적 치료
- 모듈 2. 다리
- 모듈 3. 무릎
- 모듈 4. 골반, 척추, 몸통 부상
- 모듈 5. 상체 부상
- 모듈 6. 스포츠에 특화된 물리치료

'질의응답 세션'은 학생들이 강의 내용에 관해 질문하고 토론할 수 있도록 마련된 온라인 소통 창구입니다. 매달 한 번씩 열리는 본 행사에는 재학생들과 프로그램 디렉터, 교수, 자문위원 등이 참여하고 이는 모두 녹화되어 행사에 참여하지 못한 학생들을 포함한 모든 관계자들에게 공유됩니다. '과제'는 1년에 2개, 총 4개가 주어집니다. 모듈 튜터는 28일 안에 과제를 평가하고 이메일과 웹페이지를 통해 평가 결과와 피드백을 제공합니다. 통과하지 못한 학생에게는 한 번의 기회가 더 주어집니다. '시험'은 연 1회, 총 2회가 시행됩니다. 매년 4월에 시험 전용 웹사이트를 통해 진행되고 시험 시간은 24시간이 주어집니다. 낙제한 경우 재시험에 응할 수 있습니다. '연례 회의'는 학회 등의 외부 행사와 연계해 각 '파트' 말미에 한 차례 열립니다. 온라인으로만 교류하던 교수 및 동기들과 직접 만나고 국제 행사에 참여하는 기회를 제공하기 위해 마련됩니다. '평가'는 과제와 시험 결과를 각 50%씩 반영해 내려집니다. 수료 기준은 총점의 50% 이상 획득입니다.

4장 IOC 체력관리 전문가 과정

'IOC 체력관리 전문가 과정(IOC Diploma in Strength and Conditioning)'
은 IOC가 대학교(학부) 전공이 운동학, 스포츠 과학, 선수 트레이닝, 물
리치료, 의학, 생물 역학, 운동 발달, 체육, 건강, 체력관리, 코치, 간호
학, 영양학 등인 스포츠 관련인들을 대상으로 여는 1년 과정의 온라인
자격인증 프로그램입니다. 체력관리 기본 원리, 훈련 및 경기 시의 적용
원칙, 체력관리의 성공적 사례, 부상 및 질병 관리(유발 요인, 관리 및 재
활, 예방 프로그램 개발 및 실행), 영양학적 고려사항, 체력관리에 관한 연
구 방법(조사 절차, 자료의 해석 및 평가, 소통 방법), 현장에서 발생하는 다
양한 이슈 등에 대해 교육합니다. 내부 거버넌스는 다음과 같이 조직되
어 있습니다.

- 이사회: 업무 집행에 관한 의사를 최종 결정
- 프로그램 디렉터 그룹: 운영 총괄
- 자문위원회: 지원자 평가, 합격자 선발, 교육과정 구성, 학생 최종 평가, 프로그램 전반 감독
- 심사위원회: 학생의 이의 신청 검토
- 교수진: 강의 모듈 담당

본 전문가 과정은 2024년 처음 추진되며 아래와 같이 매년 7월에
개강해 다음 해 5월에 종강하는 사이클로 운영됩니다. 기수별 교육은
총 600시간 이루어집니다.

- 6월: 입학 신청 마감[5]
- 7월: 개강
- (다음 해) 5월: 온라인 필기시험
- 가을: 졸업

모든 활동은 온라인으로 진행됩니다. 정규 수업, 과제, 시험은 필수 참여 활동이고 질의응답 세션은 선택 참여 활동입니다. '정규 수업'은 아래의 9개 모듈로 구성되고, 각 모듈은 1개월간 교육됩니다. 각 모듈 말미에는 자가 평가를 위한 객관식 퀴즈가 시행됩니다. 퀴즈 결과는 졸업 평가에 반영되지 않습니다.

- 모듈 1. 운동학 근본 원칙
- 모듈 2. 체력관리 프로그램 생리적 적응
- 모듈 3. 부상 및 질병 예방 고려사항
- 모듈 4. 스포츠 특화 체력관리 1
- 모듈 5. 스포츠 특화 체력관리 2
- 모듈 6. 맞춤형 프로그램을 위한 체력관리 고려사항
- 모듈 7. 체력관리 프로그램의 기획 및 운영 평가
- 모듈 8. 체력관리 프로그램의 최적화를 위한 영양적 고려사항
- 모듈 9. 전문적 실행

'질의응답 세션'은 학생들이 강의 내용에 관해 질문하고 토론할 수 있도록 마련된 온라인 소통 창구입니다. 매달 한 번씩 열리는 본 행사

---

5 지원서에는 영어시험(종류, 날짜, 점수), 학사학위(대학교명, 전공명, 입학일, 졸업일, 학기별 학점), 재직(직위, 대표자 이름), 근무 경력(직위, 대표자 이름, 근무일), 체력 관리사 자격증(발행기관, 자격증 종류, 날짜, 등록번호), 체력 관리사 활동(활동 시작일 및 국가, 현재 활동 중인 국가), 스포츠 또는 선수 관련 일에의 종사 여부 등에 대해 기입합니다.

에는 재학생들과 프로그램 디렉터, 교수, 자문위원 등이 참여하고 이는 모두 녹화되어 행사에 참여하지 못한 학생들을 포함한 모든 관계자들에게 공유됩니다. '과제'는 2개가 주어집니다. 프로그램 디렉터는 28일 안에 과제를 평가하고 이메일과 웹페이지를 통해 평가 결과와 피드백을 제공합니다. '시험'은 1회 시행되고 24시간이 주어집니다. '평가'는 과제와 시험 결과를 50%씩 반영해 내려집니다. 수료 기준은 총점의 50% 이상 획득입니다.

5장

IOC 엘리트 선수
정신건강 전문가 과정

'IOC 엘리트 선수 정신건강 전문가 과정(IOC Diploma in Mental Health in Elite Sport)'은 IOC가 대학교(학부) 전공이 정신 의학, 상담, 심리학, 임상 사회복지 등인 스포츠 관련인들을 대상으로 여는 1년 과정의 온라인 자격인증 프로그램입니다. 선수 정신건강 관리의 기본 이론, 훈련 및 경기 시의 이론 적용 원칙, 성공적 관리 사례, 계획 수립(환경 조성, 이상 증상 검사 및 관리, 장애 치료, 스트레스 요인과 부정적 환경 요인 영향 최소화), 현장에서 발생하는 다양한 이슈, 연구 방법(조사 절차, 자료의 해석 및 평가, 소통 방법) 등에 대해 교육합니다. 내부 거버넌스는 다음과 같이 조직되어 있습니다.

- 이사회: 업무 집행에 관한 의사를 최종 결정
- 프로그램 디렉터 그룹: 운영 총괄
- 자문위원회: 지원자 평가, 합격자 선발, 교육과정 구성, 학생 최종 평가, 프로그램 전반 감독
- 심사위원회: 학생의 이의 신청 검토
- 교수진: 강의 모듈 담당

본 전문가 과정은 2020년 이래 매년 진행되며, 아래와 같이 매년 8월에 개강해 다음 해 6월에 종강하는 사이클로 운영됩니다. 기수별 교육은 총 250~300시간 이루어집니다.

- 8월: 입학 신청 마감6
- 9월: 개강(9개 모듈)
- (다음 해) 6월: 온라인 필기시험
- 가을: 졸업

모든 활동은 온라인으로 진행됩니다. 정규 수업, 과제, 시험은 필수 참여 활동이고 질의응답 세션은 선택 참여 활동입니다. '정규 수업'은 다음의 9개 모듈로 구성되고, 각 모듈은 1개월간 진행됩니다.

- 모듈 1. 정신건강 일반 개론
- 모듈 2. 정신건강에 영향을 미치는 스트레스 요인과 환경 요인
- 모듈 3. 정신건강 이상 증상 및 장애 관리의 일반 원칙
- 모듈 4. 전염병, 합병증, 증상 발현, 진단, 가족력, 선수의 정신건강 이상 증상, 장애 관리 1
- 모듈 5. 전염병, 합병증, 증상 발현, 진단, 가족력, 선수의 정신건강 이상 증상, 장애 관리 2
- 모듈 6. 전염병, 합병증, 증상 발현, 진단, 가족력, 선수의 정신건강 이상 증상, 장애 관리 3
- 모듈 7. 정신건강 서비스 제공
- 모듈 8. 선수의 정신건강 이상 증상 및 장애 검사
- 모듈 9. 다양한 집단에서의 정신건강 고려사항

---

6 지원서에는 영어시험(종류, 날짜, 점수), 학사학위(대학교명, 전공명, 입학일, 졸업일, 학기별 학점), 재직(직위, 대표자 이름), 근무 경력(직위, 대표자 이름, 근무일), 정신건강 관련 면허증(발행기관, 자격증 종류, 날짜, 등록번호), 정신건강 전문가 활동(활동 등록 국가 및 현재 활동 중인 국가), 스포츠 또는 선수 관련 일에의 종사 여부 등에 대해 기입합니다.

'질의응답 세션'은 학생들이 강의 내용에 관해 질문하고 토론할 수 있도록 마련된 온라인 소통 창구입니다. 매달 한 번씩 열리는 본 행사에는 재학생들과 프로그램 디렉터, 교수, 자문위원 등이 참여하고 이는 모두 녹화되어 행사에 참여하지 못한 학생들을 포함한 모든 관계자들에게 공유됩니다. '과제'는 2개가 주어지고 '시험'은 1회 시행됩니다. 프로그램 디렉터는 채점 후 이메일과 웹페이지를 통해 평가 결과와 피드백을 제공합니다. 과제와 시험에 통과하지 못한 학생에게는 한 번씩의 기회가 더 주어집니다. 최종 평가는 과제와 시험 결과를 50%씩 반영해 내려집니다. 수료 기준은 총점의 50% 이상 획득입니다.

6장

IOC 엘리트 선수 정신건강 관리사 과정

'IOC 엘리트 선수 정신건강 관리사 과정(IOC Certificate in Mental Health in Elite Sport)'은 '5. IOC 엘리트 선수 정신건강 전문가 과정'을 간소화한 버전입니다. 본 온라인 자격인증 프로그램은 선수관계자(Entourage) 들을 대상으로 3~6개월간 운영됩니다. 내부 거버넌스는 다음과 같이 조직되어 있습니다.

- 이사회: 업무 집행에 관한 의사를 최종 결정
- 프로그램 디렉터 그룹: 강의, 운영 총괄
- 자문위원회: 강의, 지원자 평가, 합격자 선발, 교육과정 구성, 학생 최종 평가, 프로그램 전반 감독

본 관리사 과정은 2020년 이래 매년 진행되며, 개강일과 종강일이 따로 없이 연중 계속 운영됩니다. 별도의 신청 기간 없이 언제든 등록이 가능하고, 학업, 근무 경력, 자격증, 스포츠 관련 활동 경험 등이 요구되지 않아 누구든 참여가 가능합니다. 지원 시 입학신청서에 영어시험성적을 기입해야 하나, 이 역시 참고용일 뿐 입학 심사와는 무관합니다. 기수별 교육은 총 48시간 이루어집니다.

커리큘럼은 정규 수업, 질의응답 세션, 시험으로 편성되어 있고 모든 활동은 온라인으로 진행됩니다. 정규 수업과 시험은 필수 참여 활동이고 질의응답 세션은 선택 참여 활동입니다. '정규 수업'은 다음의 6개 강의로 구성됩니다.

- 강의 1. 전체 강의 개요
- 강의 2. 선수의 정신건강 이상 증상 및 장애
- 강의 3. 선수의 정신건강에 영향을 미치는 스트레스 요인과 환경적 요인
- 강의 4. 선수의 특정 정신건강 이상 증상 및 장애
- 강의 5. 선수의 정신건강 이상 증상 및 장애 관리 원칙
- 강의 6. 선수의 정신건강 이상 증상 및 장애 검사

'질의응답 세션'은 학생들이 강의 내용에 관해 질문하고 토론할 수 있도록 마련된 온라인 소통 창구입니다. '시험'은 매년 3월, 6월, 9월, 12월에 정기적으로 시행됩니다. 모든 강의를 수강했다면 입학 후 3개월부터 1년 기간 내 원하는 때에 응시할 수 있습니다. 모의시험은 원하는 학생 누구나 응시가 가능하고, 이의 결과는 최종 성적에 반영되지 않습니다. '평가'는 시험 결과로만 내려집니다. 수료 기준은 시험 총점의 50% 이상 획득입니다.

7장 IOC 스포츠 약물 관리사 과정

'IOC 스포츠 약물 관리사 과정(IOC Certificate in Drugs in Sport)'은 IOC가 대학교(학부) 전공이 의학, 간호학, 약학, 스포츠 과학, 건강학 등인 전문인들을 대상으로 여는 6개월 과정의 온라인 자격인증 프로그램입니다. 스포츠 도핑 방지 관련 기본 지식(필수 용어, 세계도핑방지규약, 금지약물), 선수 보호(선수생체여권, 건강 관리사의 책임, 선수 관련인의 역할), 약물 관리(감시 시스템, 특수 약물, 일반 약물, 보충제), 약물 사용(부상 및 질병 치료 목적, 장애인 선수의 필요 약물 사용, 오용 및 남용 방지), 검사 및 처벌(테스트 프로세스, 적발 이후 처리 절차 및 징계), 유관 기관(세계도핑방지기구, 도핑방지연구소, 일반 스포츠 조직), 도핑 방지 기술의 발전과 도핑 관련 이슈 등에 대해 교육합니다. 내부 거버넌스는 다음과 같이 조직되어 있습니다.

- 이사회: 업무 집행에 관한 의사를 최종 결정
- 프로그램 디렉터 그룹: 운영 총괄
- 자문위원회: 지원자 평가, 합격자 선발, 교육과정 구성, 학생 최종 평가, 프로그램 전반 감독
- 교수진: 강의 모듈 담당

본 관리사 과정은 2018년 이래 매년 진행되며, 아래와 같이 매년 9월에 개강해 다음 해 3월에 종강하는 사이클로 운영됩니다. 기수별 교육은 총 400시간 이루어집니다. 지원자는 국가 건강 관리 기관에 등록

되어 있어야 합니다. 위에 제시된 전공의 학위가 없어도 도핑 방지 분야에서 활동한 이력이 있으면 지원이 가능합니다.

- 8월: 입학 신청 마감7
- 9월: 개강(5개 모듈)
- (다음 해) 3월: 온라인 필기시험
- 가을: 졸업

모든 활동은 온라인으로 진행됩니다. 정규 수업, 과제(러닝 로그), 시험은 필수 참여 활동이고 질의응답 세션은 선택 참여 활동입니다. '정규 수업'은 아래 5개 모듈로 구성되고 각 모듈은 1개월간 교육됩니다.

- 모듈 1. 약물의 사용과 오용
- 모듈 2. 세계도핑방지기구, 규약과 국제 기준
- 모듈 3. 스포츠 약물학과 선수를 위한 임상적 사용
- 모듈 4. 선수 건강 보호와 클린 스포츠 유지
- 모듈 5. 주요 스포츠 이벤트에서 활동하는 의료인

'질의응답 세션'은 학생들이 강의 내용에 관해 질문하고 토론할 수 있도록 마련된 온라인 소통 창구입니다. 기수별로 2회씩 열리는 본 행사에는 재학생들과 프로그램 디렉터, 교수, 자문위원 등이 참여하고 이는 모두 녹화되어 행사에 참여하지 못한 학생들을 포함한 모든 관계자들에게 공유됩니다. '러닝 로그'는 각 모듈에 마련된 개별 학습 관리 플

---

7   지원서에는 영어시험(종류, 날짜, 점수), 학사학위(대학교명, 전공명, 입학일, 졸업일, 학기별 학점), 재직(직위, 대표자 이름), 근무 경력(직위, 대표자 이름, 근무일), 건강 관련 면허증(발행기관, 자격증 종류, 날짜, 등록번호), 현재 도핑 방지 관련 기관 종사 여부(직위, 담당 업무, 상관의 추천서), 현재 건강 관련 분야 종사 여부(활동 등록 국가, 현재 활동 중인 국가), 스포츠 또는 선수 관련 일에의 종사 여부 등에 대해 기입합니다.

랫폼입니다. 프로그램 디렉터는 이를 통해 모듈별 과제를 평가하고 피드백을 제공합니다. '시험'은 1회 시행되고 24시간이 주어집니다. 평가는 러닝 로그 결과와 시험 성적을 50%씩 반영해 내려집니다. 수료 기준은 총점의 50% 이상 획득입니다.

8장   IOC 스포츠 세이프가딩 관리사 과정

'IOC 스포츠 세이프가딩 관리사 과정(IOC Certificate: Safeguarding Officer in Sport)'은 IOC가 스포츠 조직 내에서 세이프가딩 관리사로 활동하였거나 그와 유사한 업무를 수행한 적이 있는 자, 또는 앞으로 세이프가딩 관리사로 활동하기 원하는 자를 대상으로 여는 8개월 과정의 온라인 자격인증 프로그램입니다. '세이프가딩(Safeguarding)'은 학대, 희롱, 차별, 박해, 폭언, 희롱, 괴롭힘, 따돌림, (성)폭력 등의 비윤리적 행위로부터 선수들의 안전을 보호하는 모든 형태의 활동을 의미합니다. 이를 위한 활동가는 안전관리사, 안전보호사, 안전관리자, 안전보호관리사 등으로도 칭합니다.

본 과정은 안전 보호에 대한 이해(주요 용어, 개념, 위험 환경, 사회적 영향), 비도덕적 행위 방지 정책 운영(전략 개발, 전파, 실행, 감시, 조정, 평가, 한계), 사건 관리 시스템 관리(신고자 및 피해자 보호, 보고 단계, 조사 방법, 징계 절차), 안전한 스포츠 환경 구축(요소, 원칙, 가이드라인, 관련인들의 책임과 역할), 관련 연구(이론, 사례 보고) 등에 대해 교육합니다. 내부 거버넌스는 다음과 같이 조직되어 있습니다.

- 이사회: 업무 집행에 관한 의사를 최종 결정
- 프로그램 디렉터 그룹: 운영 총괄
- 자문위원회: 지원자 평가, 합격자 선발, 교육과정 구성, 학생 최종 평가, 프로그램 전반 감독
- 교수진: 강의 모듈 담당

- 선수 경험자 그룹: 교과 활동이 스포츠 현장의 실황과 어우러지도록 지원

본 관리사 과정은 2021년 이래 매년 진행되며, 아래와 같이 매년 9월에 개강해 다음 해 4월에 종강하는 사이클로 운영됩니다. 기수별 교육은 총 250시간 이루어집니다.

- 7월: 입학 신청 마감
- 9월: 개강(7개 모듈)
- (다음 해) 4월: 온라인 필기시험
- 가을: 졸업

지원서에는 영어시험(종류, 날짜, 점수), 재직(직위, 대표자 이름, 근무 시작일) 또는 근무 경력(직위, 대표자 이름, 시작일, 종료일), 가장 최근 근무가 자영업이었는지의 여부, 지난 3년간의 어린이 관련 업무 또는 자원봉사 경력(조직명, 직위/역할, 시작일, 종료일, 증명서 첨부), 선서에의 동의(범죄인 조사, 위험 인물 지명, 보호 관찰 처분, 위법 행위로 인한 해고, 재판 심리 등에 관한 사항) 등에 대해 기입합니다. 자기소개서, 추천서 2부(소정 양식), 후원조직의 지지 서신(해당자에 한함)은 이메일로 별도 발송해야 합니다. 자기소개서에는 지원 이유, 수료 후 활동 계획, 스포츠 세이프가딩 관리사로 과거에 활동하였거나 앞으로 활동하기 원하는 특정 스포츠 조직에 대한 내용이 포함되어야 합니다. 추천서 1부는 현재/가장 최근 속한 조직의 고용주로부터 받아야 하고 두 번째 추천서는 대학교의 지도 교수 또는 이전 직장의 상관 등의 손윗사람으로부터 받아야 합니다. 지난 3년 내 어린이 관련 업무/자원봉사 경력이 있는 자는 두 번째 추천서를 해당 조직으로부터 받아야 합니다.

모든 활동은 온라인으로 진행됩니다. 정규 수업, 과제, 시험은 필수 참여 활동이고 질의응답 세션은 선택 참여 활동입니다. '정규 수업'은 아래 8개 모듈로 구성됩니다.

- 모듈 1. 스포츠 세이프가딩 개요
- 모듈 2. 세이프가딩 관리사 배치 – 국제인권협약, 법규, 스포츠의 법적 체제 및 정책적 체제
- 모듈 3. 폭력 방지를 위한 주요 요소
- 모듈 4. 예방 – 세이프가딩 우려에 대응하기 위한 조직적 정책, 절차 및 구조 개발
- 모듈 5. 대응 – 세이프가딩 우려에 대응하기 위한 조직적 정책, 절차 및 구조 개발
- 모듈 6. 세이프가딩 관리사의 역할 이해
- 모듈 7. 스포츠 이벤트에서의 세이프가딩
- 모듈 8. 세이프가딩을 위한 조언 및 지원

'질의응답 세션'은 학생들이 강의 내용에 관해 질문하고 토론할 수 있도록 마련된 온라인 소통 창구입니다. 매달 한 번씩 열리는 본 행사에는 재학생들과 프로그램 디렉터, 교수, 자문위원 등이 참여하고 이는 모두 녹화되어 행사에 참여하지 못한 학생들을 포함한 모든 관계자들에게 공유됩니다. '과제'는 2개가 주어지고 '시험'은 1회 시행됩니다. 프로그램 디렉터와 자문위원회 위원이 평가하고 이메일과 웹페이지를 통해 평가 결과와 피드백을 제공합니다. 과제와 시험에 통과하지 못한 학생에게는 한 번씩의 기회가 더 주어집니다. 최종 평가는 과제1 30%, 과제2 30%, 시험 40%를 반영해 내려집니다. 수료 기준은 총점의 60% 이상 획득입니다.

제3권

올림픽 스터디 센터

SPORTS INSTITUTE

 **THE OLYMPIC > STUDIES CENTRE**

IOC 올림픽 스터디 센터(IOC Olympic Studies Centre)
- 홈페이지: www.ioc.org/studies
- 이메일: studies.centre@olympic.org
- 전화번호: 0041 (0)21 621 6611
- 주소: The Olympic Studies Centre, Villa du Centenaire, Quai d'Ouchy 1, 1006 Lausanne, Switzerland

'IOC 올림픽 스터디 센터(IOC Olympic Studies Centre)'는 IOC가 올림피즘의 학문적 발전을 체계적으로 이루기 위한 목적으로 1982년 설립한 올림픽 연구 및 교육기관입니다. 본 센터는 IOC와 전 세계 학자 및 올림픽 연구소들을 연결해 이들이 지속적으로 교류하고 올림픽 지식을 공유할 수 있도록 지원합니다. 본 센터는 다음 4개 핵심사업을 중심으로 활동을 전개합니다.

- 세계 올림픽 도서관(Olympic World Library)
- 연구비 지원(Research Grant Programmes)
- 국제 올림픽 사례 연구 경진대회(International Olympic Case Study Competition)
- 전 세계 올림픽 연구기관 네트워킹(Olympic Studies in the World)

센터는 오프라인과 온라인 양 형태로 운영됩니다. 건물은 스위스 로잔 '올림픽 박물관' 옆에 나란히 위치해 있고, 월요일부터 금요일, 오전 9~12시와 오후 1~5시에 개방합니다. 자료 열람과 스터디룸 사용 등 일반적인 이용을 위해서는 별도의 예약이 필요하지 않으나, 특정 자료 조회 또는 단체 관람 등 직원의 도움이 필요한 경우에는 온라인 사전 예약이 필요합니다.

1장 세계 올림픽 도서관

　'세계 올림픽 도서관(Olympic World Library)'은 올림픽 관련 정보와 자료를 수집하고 이를 디지털화해 체계적으로 축적하는 플랫폼입니다. 본 데이터베이스에는 국제올림픽위원회(IOC), 올림픽 유치위원회 및 조직위원회, 국제경기단체연맹(IF), 국가올림픽위원회(NOC) 등 다양한 스포츠 기구들의 발행물이 폭넓게 소장되어 있습니다. 축적물은 주제, 발행 조직, 언어, 시대, 유형(서적, 논문, 통계, 사진, 영상, 녹음 파일) 등의 기준으로 분류됩니다.

　본 온라인 도서관은 누구나 무료로 이용이 가능하며, 이용자들이 원하는 정보를 빠르고 정확하게 찾을 수 있도록 검색엔진을 지원합니다. 또한 정기적으로 뉴스레터를 발행해 IOC 소식은 물론 전 세계 올림픽 무브먼트의 동향과 각종 스포츠 행사 일정 등을 공유합니다.

　'세계 올림픽 도서관'은 외부 스포츠 관련 기관과 협약을 맺어 이용자들이 해당 기관의 자료에도 용이하게 접근할 수 있도록 지원합니다. 또한 올림픽 지식 전파 및 학계와의 소통을 위해 다양한 분야의 국제스포츠 전문가들을 초빙해 스포츠 기구들의 전략, 정책, 활동, 이슈 등을 주제로 온라인 강연회도 주최합니다.

2장 연구비 지원 프로그램

'연구비 지원 프로그램(Research Grant Programmes)'은 인문학과 사회과학 관점에서 올림픽 관련 연구가 지속·발전될 수 있도록 장려하는 학술 진흥 사업입니다. '올림픽 스터디 센터(OSC)'는 축적된 자료가 해당 연구들에 십분 활용될 수 있도록 독려하고, 연구의 질 향상에 필요하다고 인정될 경우 연구자와 IOC 사무국 내 담당 부서의 협력을 주선하기도 합니다. 본 사업은 지원 대상에 따라 다음 두 카테고리로 나뉩니다.

- 올림픽 연구비 지원 고급 프로그램(The Advanced Olympic Research Grant Programme)
- 박사과정생 및 신진연구자 연구비 지원 프로그램(PhD Students and Early Career Academics Research Grant Programme)

양 프로그램의 지원자는 지원 시점부터 종료 시까지 대학교 등의 연구기관에 소속되어 있어야 합니다. 신청서 및 구비서류는 영어 또는 프랑스어로 제출되어야 합니다. 심사는 올림픽 연구 전문가와 OSC 대표로 구성된 '선정위원회(Grant Program Selection Committee)'가 담당합니다. 본 위원회는 신청 서류, 연구 주제, 연구자의 역량, 추천서 등을 두루 고려해 합격자를 선발하고 프로젝트별 지원 금액을 책정합니다. 본격적인 연구는 합격자, 합격자의 소속 기관, OSC 간 3자의 협약 체결을 기점으로 시작되고, 연구 종료 후 최종 결과물은 '세계 올림픽 도서관'에 공유됩니다.

'올림픽 연구비 지원 고급 프로그램'은 1999년 이래 운영되는 박사 학위 보유자(교수, 강사, 연구원 등) 대상 장학 프로그램입니다. 신청자는 OSC가 제시하는 '우선 연구 분야' 중 연구 주제를 선정해야 하고, 개인 단위와 팀 단위 중 원하는 형태로 신청할 수 있습니다. 2023~2025 에 디션의 우선 연구 분야는 다음과 같습니다.

- 선수 세이프가딩, 정신 건강(Athlete safeguarding, mental health and wellbeing)
- 윤리 및 진실성(Ethics and integrity)
- 성평등(Gender equality)
- 올림피즘 365-스포츠를 통한 발전과 지속가능한 발전 목표 달성을 위한 스포츠의 기여(Olympism 365-Development through sport and sport's contribution to the sustainable development goals)

프로젝트 기간 동안 연구원은 공식 회의에 3회(착수, 중간, 결과 회의) 참석해야 하고 보고서를 3회(중간보고서 1, 중간보고서 2, 결과보고서) 제출해야 합니다. 중간보고서에는 진척 사항에 대한 설명(2,000단어 이내)과 당시까지의 연구비 지출 상황이 담겨야 합니다. 결과보고서는 논문(50~60 페이지), 발표 슬라이드, 회계 보고서로 구성되어야 합니다. 프로젝트별 최대 지원금은 USD 40,000(5,340만 원)입니다. 지원금은 연구원의 소속 기관을 통해 지급됩니다. 50%는 협약 체결 이후, 25%는 2번째 중간보고서 제출 이후, 25%는 결과보고서 제출 이후 지급됩니다.

'박사과정생 및 신진연구자 연구비 지원 프로그램'은 2014년 이래 박사과정생 또는 신진연구자를 대상으로 매년 진행되는 학술 장려 프로그램입니다. '올림픽 연구비 지원 고급 프로그램'과 달리 연구 주제에는 제약이 없습니다. 단, 박사과정생의 경우 해당 연구가 지원자의 박사학위 논문에 중대히 기여하는 사실이 명백히 설명되어야 합니다. 신진연구자는 박사 졸업 날로부터 만 3년이 지나지 않은 학자를 의미합니다. 중간보고서는 진척 사항에 대한 설명(2,000단어 이내)과 당시까지의 중간 회계 보고서로, 결과보고서는 논문과 최종 회계 보고서로 구성되어야 합니다. 프로젝트별 최대 지원금은 USD 6,000(800만 원)입니다. 일반적으로 50%는 협약 체결 이후, 나머지 50%는 결과보고서 제출 이후 지급되나, 연구 형태에 따라 전후반 비율이 조정될 수 있습니다. '1인 1회 지원' 원칙에 의해 이전에 본 프로그램에 참여한 적이 있는 자는 지원이 불가합니다. 단, 연구 주제가 크고 첫 번째 연구물과의 차이가 충분히 입증될 경우 동일한 주제로 최대 2회까지 지원이 가능합니다.

3장   국제 올림픽 사례 연구 경진대회

'국제 올림픽 사례 연구 경진대회(International Olympic Case Study Competition)'는 올림픽 관련 사례 연구가 대학교/대학원 정규 수업에서 널리 다뤄질 수 있도록 고안된 문제 해결형 교습 프로그램입니다. 매년 올림픽스터디센터가 주최하고 파트너 대학교들이 주관합니다. 본 대회는 학생들이 국제 스포츠 기구의 컨설팅 에이전시 역할을 체험해보도록 하는 데에 의의가 있습니다. 이는 참가 대상에 따라 다음 두 유형으로 구분됩니다.

- 학부생 경진대회(CSC for Undergraduate Students)
- 석사과정생 경진대회(CSC for Master's Students)

참가는 대학교 교수와 학생들이 각각 동시에 신청합니다. 교수의 신청서가 승인되면 올림픽스터디센터는 교수에게 과제 링크와 접속 비밀번호, 그리고 운영 가이드라인을 전달합니다. 교수는 세부 운영 지침에 따라 문제해결을 의뢰하는 고객사의 입장에서 학생들의 발표를 평가합니다. 학생들은 팀을 이뤄 경쟁합니다. 일반에 공개된 자료만 활용해 과제를 수행해야 하고 정보를 얻기 위해 스포츠 기관에 연락하는 것은 금지됩니다. 대회는 교내 예선전, 타 학교 대항 준결승전, 결승전(온라인) 순의 방식으로 진행됩니다. 준결승전은 독립 심사단이, 결승전은 IOC, 올림픽 유관 기관 대표, 국제스포츠 전문가 등으로 구성된 국제 패널이 심사합니다. 1~3등 팀에는 IOC 증명서와 상금이 지급되고 학생 전원에는 참가확인증이 발급됩니다.

　'학부생 경진대회'는 스페인의 마드리드유럽대학교(European University of Madrid)가 주관합니다. 대학교별 최대 16개 팀이 참가하고, 각 팀은 2학년 이상의 학생 3~6명으로 구성됩니다. 매년 참가 신청(6월 마감), 공석 발생 시 추가 모집(9월), 예선전 및 준결승전(8월~다음 해 2월), 결승전(3월)의 일정으로 추진됩니다.

　'석사과정생 경진대회'는 독일의 마인츠요하네스구텐베르크대학교(Johannes Gutenberg−University Mainz)가 주관합니다. 대학교별 3~5개 팀이 참가하고, 각 팀은 스포츠 경영·경제·행정 등을 전공하는 학생 3~6명으로 구성됩니다. 팀원 중 1명 이상은 영어 발표가 가능해야 합니다. 매년 참가 신청 3회(5월, 7월, 11월), 회차별 예선전(1회차 5~7월, 2회차 9~11월, 3회차 12월~다음 해 2월), 준결승전(2~3월), 결승전(3월)의 일정으로 진행됩니다.

4장　전 세계 올림픽 연구기관 네트워킹

'IOC 올림픽스터디센터'는 글로벌 스포츠 연구 네트워크를 넓혀 가며 IOC와 국제 스포츠 아카데미 커뮤니티 간 소통과 협력을 촉진합니다. 이를 위해 국가별로 '올림픽 스터디 및 연구 센터(Academic Olympic Studies and Research Centres)'를 정기적으로 선정하고 그들의 여러 활동을 지원합니다. 또한 유수한 국제 대학원 과정, 온라인 교육과정, 컨퍼런스(심포지엄, 포럼, 세미나) 등을 선별하고 이를 자체 네트워크를 활용해 홍보합니다.

국가별 '올림픽 스터디 및 연구 센터'는 올림픽 관련 지식(올림피즘, 올림픽 무브먼트, 올림픽 대회 등)을 인문학적 관점과 사회과학적 관점에서 연구하고 전파하는 기관입니다. 일반 기관이 'IOC 올림픽 스터디 센터'의 공식 인증을 받기 위해서는 아래의 요건을 충족해야 합니다. 뒤이어 제시된 표는 6개 대륙, 26개 국가에 분포된 전 세계 72개 올림픽 스터디 센터 현황입니다.[8]

- 조직이 추구하는 방향이 올림픽 헌장의 방향과 일치한다.
- 조직의 초점이 올림픽 지식 생산 및 전파에 맞춰져 있고, 이를 위한 활동을 정기적으로 수행한다.
- 대학교에 기반을 두되, 독립성와 자치권을 보장받는다(정부 또는 공공 기

---

8 The Olympic Studies Centre(2024, July). Academic Olympic Studies and Research Centres in the world.

관이 설립한 조직은 승인 불가).

- 연례 프로그램을 이행할 수 있을 정도의 재정적, 행정적 지원이 대학교/ 단과대학으로부터 제공된다.
- 국가올림픽위원회(NOC)의 지지/인증을 받았다.
- (올림픽 개최국 내 센터의 경우) 올림픽 개최 도시의 레거시 구축 프로젝트/ 활동 프로젝트에 참여하고 있다(이에 대한 조직위원회의 사실확인서 필요).
- IOC 올림픽스터디센터가 요청 시 연례 활동 보고서를 제출한다.

* 국가명. 연구소 이름(설립 연도). 소속 기관 순

아시아		
대한민국	1	Korean Institute for Olympic Studies (2019). Korea National Sport University (한국체육대학교)
	2	Olympic Studies Center (2016). Kangwon National University (강원대학교)
일본	3	Centre for Olympic Research and Education (2010). University of Tsukuba
홍콩	4	Hong Kong Centre for Olympic Studies (2022). Sports Federation and Olympic Committee of Hong Kong, China
인도	5	Bharat – Centre of Olympic Research and Education (2024). Rashtriya Raksha University
태국	6	Olympic Studies Centre (2023). Suan Sunandha Rajabhat University
중국	7	Advanced Institute of Olympic Studies (1994). Beijing Sport University
	8	Beijing Institute for International Olympic Studies (2019). Capital University of Physical Education and Sports
	9	Humanistic Olympic Studies Center (2000). Renmin University of China
	10	Institute for Olympic Art (2021). Tsinghua University
	11	Institute of Olympic Studies and Research (2021). Shanghai University of Sport
	12	Olympic Studies Centre (2014). Nantong University
	13	Olympic Art and Design Research Center (2004). Central Academy of Fine Arts

	14	Olympic Studies Centre (2022). Harbin Institute of Technology
오세아니아		
뉴질랜드	15	Olympic Studies Centre (2007). University of Canterbury
호주	16	Australian Centre for Olympic and Sport Studies (2005). University of Technology Sydney
	17	Olympic and Paralympic Research Centre (2021). Victoria University
	18	The Queensland Centre for Olympic and Paralympic Studies (1996). University of Queensland
유럽		
노르웨이	19	Lillehammer Olympic and Paralympic Studies Centre (2018). Inland Norway University of Applied Sciences
독일	20	Olympic Studies Centre (2005). German Sport University Cologne
	21	Willibald Gebhardt Research Institute (1992). Willibald Gebhardt Research Institute
러시아	22	Russian International Olympic University (2009). Russian International Olympic University
벨기에	23	Brussels Olympic Research and Education Centre (2022). Vrije University
	24	Jacques Rogge Olympic Studies Centre (2023). Ghent University
	25	Sport Management UCLouvain (2008). Université catholique de Louvain
스위스	26	International Academy of Sport Science and Technology (2002). International Academy of Sport Science and Technology
스페인	27	Càtedra d'Esport i Educació Fisica – Centre d'Estudis Olímpics UdG (2014). Universitat de Girona
	28	Centro de Estudios e Investigación Olímpicos (2023). Universidad Alfonso X el Sabio
	29	Centro de Estudios e Investigación Olímpicos (2022). Universidad de Alicante
	30	Centro de Estudios e Investigación Olímpicos (2020). Universidad de Deusto
	31	Centro de Estudios e Investigación Olímpicos (2012). Universidad Europea de Madrid
	32	Centro de Estudios e Investigación Olímpicos (2023). INEF

		Galicia Universidad de A Coruña
	33	Centro de Estudios Olímpicos (2006). Universidad Autónoma de Madrid
	34	Centro de Estudios Olímpicos (2001). Universidad Católica de Murcia
	35	Centro de Estudios Olímpicos (2002). Universidad de Extremadura
	36	Centro de Estudios Olímpicos (2006). Universidad de Vigo
	37	Centro de Estudios Olímpicos y de Investigación (1995). Universidad de Granada
	38	Olympic and Sport Studies Centre (1989). Universitat Autònoma de Barcelona
영국	39	The Liverpool Centre for Olympic Research on Inclusion (2023). Liverpool John Moores University
	40	The Scottish Centre for Olympic Research and Education (2022). University of Edinburgh
	41	Centre for Sustainability & Olympic Legacy (2022). University of Hull
우크라이나	42	Educational and Scientific Olympic Institute (1993). National University of Ukraine on Physical Education and Sport
폴란드	43	Polish Olympic Studies and Research Centre (2022). University of Warsaw
프랑스	44	Centre d'études et de recherches olympiques universitaires (2019). Université de Franche-Comté
	45	Olympic Studies and Research Centre (2023). University of Rouen Normandy
남아메리카		
멕시코	46	Centro de Estudios Olímpicos (2008). Centro de Estudios Superiores de las Culturas
	47	Centro de Estudios Olímpicos (2019). Universidad Autónoma de Chihuahua
	48	Centro Lince de Estudios Olímpicos (2013). Universidad Autónoma de Occidente
	49	Centro Universitario de Estudios e Investigación Olímpicos (2022). Universidad Anáhuac Querétaro
	50	Centro Universitario de Estudios e Investigación Olímpicos (2022). Universidad Autónoma de Baja California
	51	Centro Universitario de Estudios e Investigación Olímpicos

		(2012). Universidad Panamericana Campus Aguascalientes
브라질	52	Laboratory of Olympic and Sociocultural Studies of Sports (2021). Federal University of Viçosa
	53	Olympic and Paralympic Studies Research Group (2017). Federal University of Sergipe
	54	Olympic Research Group (2014). Rio de Janeiro State University
	55	Olympic Studies Research Group (2002). Pontifícia Universidade Católica do Rio Grande do Sul
아르헨티나	56	Centro de Estudios Olímpicos (2016). Universidad Nacional del Litoral
칠레	57	Grupo de Estudios Olímpicos y Sociales del Deporte (1999). Universidad de Concepción Chile
콜롬비아	58	Centro de Estudios e Investigación Olímpicos (2009). Universidad de Ciencias Aplicadas y Ambientales
	59	Centro de Estudios Olímpicos Areandina Pereira (2018). Fundación Universitaria del Área Andina Seccional Pereira
	60	Centro de Estudios Olímpicos (2020). Universidad de Pamplona
	61	Centro Universitario de Estudios e Investigación Olímpicos (2019). Corporación Universitaria del Caribe CECAR
	62	Centro Universitario de Estudios e Investigación Olímpicos (2018). Escuela Nacional del Deporte
	63	Centro Universitario de Estudios e Investigación Olímpicos (2018). Universidad de Antioquia
	64	Centro Universitario de Estudios e Investigación Olímpicos (2019). Universidad de Cundinamarca
	65	Centro Universitario de Estudios e Investigación Olímpicos (2019). Universidad de San Buenaventura Cartagena
	66	Centro Universitario de Estudios e Investigación Olímpicos (2019). Universidad Libre – Sede Bogotá
	67	Centro Universitario de Estudios e Investigación Olímpicos (2019). Universidad del Tolima
페루	68	Centro de Estudios e Investigación Olímpicos (2023). Universidad Peruana de Ciencias Aplicadas
북아메리카		
캐나다	69	International Centre for Olympic Studies (1989). University of

		Western Ontario
		아프리카
남아프리카 공화국	70	Olympic Studies Centre Johannesburg (2014). University of Johannesburg
	71	Olympic Studies Research Action Group South Africa (2024). University of the Western Cape
	72	South African Centre for Olympic Studies and Social Impact (2023). Stellenbosch University

참고문헌

오준혁 (2012). 스포츠 이벤트의 체험, 애착, 몰입의 관계에 대한 연구. 미출판 석사학위논문, 서울대학교 대학원, 서울.

오준혁 (2021). 스포츠 거버넌스. 박영사.

OH, J. H. (2019). Global sporting performance of nations—A method for measuring the level of national sport's policies. Unpublished doctoral dissertation, Faculté des sciences sociales et politiques, Université de Lausanne, Switzerland.

The International Olympic Committee (2024, July). Olympic Charter.

The Olympic Studies Centre (2024, July). Postgraduate courses and MOOC offering Olympic—related content.

제1권. 국제 스포츠 마스터

1. CIES (국제 스포츠 스터디 센터) www.cies.ch
2. AISTS (국제 스포츠 과학 기술 아카데미) www.aists.org
3. IOA (국제 올림픽 아카데미) www.ioa.org.gr
4. MEMOS (스포츠조직경영 최고위석사과정) www.memos.degree
5. RIOU (러시아 국제 올림픽 대학교) www.olympicuniversity.ru/en
6. TIAS (쓰쿠바 국제 스포츠 아카데미) tias.tsukuba.ac.jp/tias2
7. DTM (국제스포츠행정가 양성사업단) https://dtm.snu.ac.kr
8. MAOS (독일체육대학교 올림픽학석사과정) www.dshs—koeln.de/english/education—career/master—of—advanced—studies/ma—olympic—studies
9. MAiSI (뢰번가톨릭대학교 스포츠윤리학석사과정) www.maisi—project.eu
10. MESGO (글로벌스포츠거버넌스 최고위석사과정) www.mesgo.org

제2권. IOC 온라인 자격인증 과정 www.sportsoracle.com

1. IOC 스포츠 영양 전문가 과정 www.sportsoracle.com/course/ioc−diploma−in−sports−nutrition

2. IOC 스포츠 의학 전문가 과정 www.sportsoracle.com/course/ioc−diploma−in−sports−medicine

3. IOC 스포츠 물리치료 전문가 과정 www.sportsoracle.com/course/ioc−diploma−in−sports−physical−therapies

4. IOC 체력관리 전문가 과정 www.sportsoracle.com/course/ioc−diploma−in−strength−and−conditioning

5. IOC 엘리트 선수 정신건강 전문가 과정 www.sportsoracle.com/course/ioc−diploma−in−mental−health−in−elite−sport

6. IOC 엘리트 선수 정신건강 관리사 과정 www.sportsoracle.com/course/ioc−certificate−in−mental−health−in−elite−sport

7. IOC 스포츠 약물 관리사 과정 www.sportsoracle.com/course/ioc−certificate−in−drugs−in−sport

8. IOC 스포츠 세이프가딩 관리사 과정 www.sportsoracle.com/course/ioc−certificate−safeguarding−officer−in−sport

제3권. 올림픽 스터디 센터 www.ioc.org/studies

1. 세계 올림픽 도서관 https://library.olympics.com

2. 연구비 지원 프로그램 https://olympics.com/ioc/olympic−studies−centre/research−grant−programmes

3. 국제 올림픽 사례 연구 경진대회 https://olympics.com/ioc/olympic−studies−centre/international−olympic−case−study−competition

4. 전 세계 올림픽 연구 기관 네트워킹 https://olympics.com/ioc/olympic−studies−centre/olympic−studies−and−reaserch−centres

스포츠 인스티튜트

초판발행   2025년 1월 3일

지은이   오준혁
펴낸이   안종만 · 안상준

편 집   소다인
기획/마케팅   김민규
표지디자인   Ben Story
제 작   고철민 · 김원표

펴낸곳   (주) **박영사**
            서울특별시 금천구 가산디지털2로 53, 210호(가산동, 한라시그마밸리)
            등록 1959. 3. 11. 제300-1959-1호(倫)

전 화   02)733-6771
f a x   02)736-4818
e-mail   pys@pybook.co.kr
homepage   www.pybook.co.kr
ISBN   979-11-303-2137-0   93690

정 가   16,000원